INVENTAIRE
v36588

BIBLIOTHÈQUE DE L'AMATEUR

LE VITRAIL D'APPARTEMENT

CONSEILS

POUR PRATIQUER LA

PEINTURE SUR VERRE

POUR

LA COMPRENDRE ET POUR LA JUGER

PAR CH. DES GRANGES

« Être occupé.... c'est être heureux »

Prix : 2 francs.

MOULINS

IMPRIMERIE DE C. DESROSIERS

PLACE DE LA BIBLIOTHÈQUE

LE VITRAIL D'APPARTEMENT

BIBLIOTHÈQUE DE L'AMATEUR

LE VITRAIL D'APPARTEMENT

CONSEILS

POUR PRATIQUER LA

PEINTURE SUR VERRE

POUR

LA COMPRENDRE ET POUR LA JUGER

Par CH. DES GRANGES

Être occupé.... c'est être heureux !

MOULINS

IMPRIMERIE DE C. DESROSIERS

PLACE DE LA BIBLIOTHÈQUE

Si l'apparition de ce petit livre ne passe pas tout-à-fait inaperçue, elle causera peut-être quelque surprise.

Après les malheurs qui nous ont accablés, en présence des tristesses qui les suivent, que faire, dira-t-on, d'un livre d'art ?

A quoi bon ?

A quoi bon, mes chers et malheureux compatriotes, — à quoi bon, dites-vous ? — à vous consoler. Consoler, n'est-ce pas une des nécessités les plus pressantes de notre époque ; et, mieux que tout ce qui n'est pas la prière, les arts ne consolent-ils pas, ne calment-ils pas bien des douleurs, ne sèchent-ils pas bien des larmes ?

C'était aux heureux du monde que j'avais adressé mon livre, en le commençant, l'année dernière ; je le dédie aujourd'hui à ceux qui veulent oublier !

Juillet 1871.

CHAPITRE Ier.

De la peinture sur verre en général. — Ses limites, ses convenances. — Comment elle est encouragée. — Comment elle est pratiquée. — Comment elle est jugée. — Causes de cet état de choses. — Moyen d'y remédier. — But de ce petit livre. — L'amateur. — Est-ce bien un art ? — La connaissance du dessin est-elle indispensable ?

Chers lecteurs (permettez-moi de vous donner tout d'abord ce nom d'amitié qui me rassure et m'encourage ; puisque vous lisez mon petit livre, c'est que vous aimez ce que j'aime : combien se disent amis qui n'ont pas de si bonnes raisons de l'être). Ainsi donc, chers lecteurs, accordez-moi un peu d'attention, beaucoup d'indulgence et écoutez ce que j'ai à vous dire….

Beaucoup de livres ont été publiés sur la peinture sur verre, et je reconnais en commençant, que *tout*, si vous le voulez, a été dit et bien mieux que je ne saurais le faire ; mais, malgré les efforts des illustres savants qui ont écrit plus ou moins longuement sur cette matière, rien n'est si peu connu, rien n'est si peu compris, rien n'est si mal apprécié que les vitraux... Grâce aux travaux et aux recherches d'un petit nombre d'archéologues, nous avons repris cet art, il y a quarante ans, où il en était à l'époque de sa décadence ; en constatant son déclin, nous avons remonté le cours des siècles, et, sans attendre même de le mettre en pratique, sans régulariser son emploi, sans lui assigner la place qu'il doit occuper dans l'échelle architecturale, nous lui avons, pour ainsi dire, fixé d'avance des limites. — Ardents aux premiers combats, les adeptes de l'école romantique de 1830 s'élancèrent dans l'arène et travaillèrent avec ardeur ; les uns adoptant l'enfance des procédés comme le type par excellence, d'autres copiant les œuvres des siècles intermédiaires, d'autres enfin, se passionnant pour les riches tableaux de la Renaissance. On fit des vitraux pour le vitrail même, isolément, sans se demander si le milieu où ils allaient forcément figurer dans nos édifices modernes, était le même que celui où ils figuraient autrefois, sans contracter de prime-abord cette alliance nécessaire, obligatoire avec l'architecture et l'architecte. — Ainsi, dès les premiers pas, on était déjà retombé dans ces fautes qui avaient amené la décadence, fautes signalées, avouées, reconnues et auxquelles on sacrifiait de nouveau sans scrupules et sans prudence.

Certes, ces limites de l'art dont plusieurs critiques éminents ont beaucoup parlé depuis quelque temps, me semblent difficiles à établir. Je comprends bien que lorsqu'on plaçait le roi Louis-Philippe en garde national, et ses ministres en habits noirs, sur les vitraux de Saint-Denis, on sortait en effet des limites de l'art dans une cathédrale ; mais, peut-être bien que, destiné à une salle de mairie, de style *municipal*, ce vitrail eût eu un heureux emploi. — Je ne connais de limites à l'art que celles tracées par le milieu où cet art gravite, qu'il s'agisse de vitraux, de peintures murales, de tableaux à l'huile, de musique ou de littérature. Je ne connais de limites à l'art que l'harmonie et la beauté ; et celles mêmes qui sont, pour ainsi dire imposées par le despotisme classique, ne me semblent pas avoir absolument réussi. — Les trois unités ne sont pas ce qui me charme le plus dans les tragédies de Sophocle et de Racine, et je reconnais cependant que lorsque, sur la scène française, j'entends des vers à l'allure fantaisiste, triviale et boiteuse, et que je vois passer, en une seule soirée, sous mes yeux, toute une génération de Burgraves grotesques, je regrette ces règles sévères et ces implacables unités. Il faut des convenances, mais non pas des limites. — Je n'aime pas plus qu'un illustre maître, entendre jouer l'ouverture de Guillaume Tell sur le flageolet; une polka, sur le grand orgue d'une église me donne des sueurs froides, et quand au beau milieu d'un bal, un grand monsieur, tout en deuil, vient chanter lugubrement l'air des *Tombeaux*, de *Robert*, je frémis et je me sauve à toutes jambes. — C'est que tout cela n'est pas beau et non pas parce que les arts ont des limites; mais parce que l'harmonie rejette ou justifie tel ou tel moyen de l'art ! —

Nous revîmes donc, peu de temps après le mouvement donné, nos églises ornées de pastiches de tous les siècles, mais aucun vestige d'une école nouvelle ne surgit, aucun progrès ne se manifesta. Tous ces essais se firent presque simultanément, sans grand souci de la place à remplir, sans entente entre les artistes appelés à restaurer le monument ou à l'édifier.

En présence de ce chaos splendide, la multitude chercha vainement à se faire une opinion, à former son goût et son jugement. — On vit les vitraux reparaître avec un véritable enthousiasme : on reconnut qu'ils étaient préférables aux carreaux blancs des vitriers, qu'ils étaient plus utilement placés dans une église que la peinture opaque, qui ne s'y voit pas ; on répéta que la mode en était revenue, et le clergé, heureux d'ajouter une richesse de plus à la magnificence du culte, demanda des vitraux de tous côtés. — Alors apparurent, à chaque coin de la France de véritables fabriques ; à la place de ces premiers apôtres passionnés pour cette mine d'art qu'ils avaient reconquise à force de travaux, de recherches, de patience ; à la place de ces artistes convaincus, de ces savants toujours étudiant, toujours cherchant, dont le seul tort fut peut-être de s'être trop préoccupés du passé sans songer au présent et à l'avenir ; de s'être trop appliqués à l'analyse et pas assez à la pratique, se répandit partout une foule d'industriels avides, sans talent, sans conscience, privés aussi bien du sentiment de l'art que du sentiment de l'honnêteté, ne voyant dans la vogue des vitraux qu'un goût à exploiter, qu'une affaire à pressurer, inondant, c'est le mot, la France entière de prospectus menteurs, offrant à des prix infimes des compositions décorées des noms les plus séduisants, promettant des vitraux, ne donnant que des stores ; insultant, par ce trafic honteux, aux hommes d'honneur qui avaient réhabilité ce bel art, celui de tous les arts qui demanderait le plus de dignité, de loyauté, de prestige. On vit aussi et l'on voit encore chaque jour, comme si les abus que nous venons de flétrir, n'étaient pas encore assez pour l'industrialisme, s'établir, comme des parasites, aux portes des ateliers les plus célèbres, une foule de praticiens plus ou moins exercés dans certaine branche de cet art, mais dénués d'instruction, de science, de cette culture générale de l'esprit, de ces connaissances délicates et choisies absolument nécessaires au véritable artiste, pour le maintenir à la hauteur de sa mission. — Ces praticiens d'ordinaire présomptueux et avides à la fois, travaillent à tout prix ; abusant de l'ignorance du plus grand nombre, ils composent de mauvaises copies des œuvres de leurs anciens maîtres ; leurs travaux sont peu nombreux, c'est vrai, mais chacun d'eux prend une petite part, rabaisse encore dans son cercle restreint, le niveau de l'exécution et sape sourdement l'édifice relevé avec tant de peine ; ce sont les termites de l'art (1).

(1) Nous sommes bien vite revenus au temps où Bernard-Palissy écrivait : « L'art du verrier est noble, mais plusieurs « sont gentilshommes pour exercer ledit art, qui voudraient « être roturiers... et vivent plus mécaniquement que les « crocheteurs de Paris... Il vaut mieux qu'un homme, ou un

Ah! oui, certes, vous avez commis une faute et une grande faute, vous qui êtes entrés les premiers en lice !. — Il fallait, avant de vous occuper de la généalogie, de l'archéologie, des fastes de votre conquête, avant de vous laisser aller aux études séduisantes de son passé, il fallait d'abord vous préoccuper de son sort futur. Les peintres-verriers d'autrefois n'étaient ni des archéologues, ni des historiens, c'étaient seulement des artistes et des poètes, des harmonistes suivant la voie de la nature et l'entraînement de leur âme ; mais s'ils ont fait avec rien, dans leur temps, d'admirables et d'immenses œuvres ; c'est qu'ils avaient des points d'appui, des tendances déterminées, un but, une pensée et de plus et surtout..., la foi.

Pourquoi vous tous, qui avez voulu nous ramener à cette merveilleuse époque, pourquoi avez-vous souffert que tout fût conduit au gré du caprice. Je ne vous aurais pas demandé, je le répète, de marquer des limites à l'art, mais je vous aurais sollicité d'en établir et de rigou-

« petit nombre d'hommes fassent leur profit de quelque art,
« en vivant honnêtement que non pas un grand nombre
« d'hommes, lesquels s'endommageront si fort les uns les
« autres qu'ils n'auront pas les moyens de vivre... »

reuses pour l'exercice de l'art. Ainsi, vous nous avez conduits à prendre tout d'un autre âge, à rétrécir nos inspirations dans le cadre du souvenir et de la réminiscence, sans solliciter aucun sentiment nouveau, aucune idée primesautière qui fut d'accord avec le courant du siècle. — Est-ce donc à dire que nos devanciers ont tout fait, tout deviné ce qu'il y avait à faire, qu'il est interdit de sortir du cercle tracé par leur pinceau. Je le nie ; leur milieu n'était pas le nôtre, et nous avons en héritage, dans le domaine du beau, un champ fécond à cultiver aussi, leurs traditions doivent nous servir de phare ; mais l'éclectisme dans les arts n'est pas la copie servile de tous les styles, c'est la beauté de chacun de ces styles réunie et rayonnant sur une même œuvre. Nos rénovateurs ont donc péché par imprévoyance. Hélas ! ils en ont été punis cruellement : quels encouragements ont-ils reçus ? quel rang leur a-t-on donné, à ces prêtres d'une œuvre sainte ! A-t-on seulement admis leurs travaux aux concours habituels ? — (Dans les expositions, les vitraux sont classés avec la verrerie, la gobeleterie (1), etc., etc.) — A-t-on

(2) Voir le catalogue de l'exposition universelle du Champ de Mars, en 1867.

créé une école? a-t-on nommé des professeurs?
— A-t-on établi un musée? — On se demande
vraiment d'où vient cette défaveur qui pèse sur
une branche si fertile en magnificence, si riche
dans le nobiliaire artistique. —

En veut-on un exemple : allez voir au Louvre, dans les salles de Henri III, ces ravissants vitraux du XVIe siècle, qu'on a espacés çà et là, sous la direction du comte de Niewkerke, qui, pourtant, a fait, on doit le reconnaître, tant d'heureuses réformes comme aménagement, dans le musée des tableaux ; examinez la manière dont sont placés ces bijoux : ils nagent dans un jour blafard, glacial et plat qui en détruit complètement l'effet et laisse la pensée vague ou indifférente ; mettez ces vitraux dans une salle disposée pour eux, entourez-les comme ils doivent l'être et vous verrez quelle transformation s'opèrera dans leur aspect. — Il en est ainsi du reste. — Tout manque à la peinture sur verre pour tenir dans la hiérarchie artistique le rang qu'elle doit occuper, et cela, j'ai la douleur de le répéter, par trop de science. — Encore une fois, on n'a pas prévu l'avenir, on ne s'est pas dit que les marchands entreraient dans le temple, si le temple n'était pas gardé, et les marchands sont entrés, et ils profanent le sanctuaire par leurs agiotages et leur travail à la toise. Certes, l'industrie est utile, nécessaire et propice aux arts, mais quand elle les aide, les respecte, non pas quand elle les outrage. — Si cet état de choses durait, il faudrait se voiler la face et offrir à Dieu le sacrifice de tant d'espérances... Tout n'est pas perdu cependant, mais il est grand temps de porter remède au mal.

Je vais essayer, dans la bien modeste mesure de mes forces ; — d'autres, j'en suis sûr, me suivront dans cette voie, et, avec plus d'autorité, plus de talent, auront plus de certitude de succès. —

Suivant moi, une chose essentielle manque à l'art des vitraux ; c'est l'*amateur* ; l'amateur-pratiquant, l'amateur-collectionnant. L'amateur c'est l'âme d'un art ! un art qui n'a pas d'amateurs ne progresse ni ne prospère, et je n'entends pas par amateur le coureur de modes, le poseur, le chercheur d'esprit, le curieux inintelligent de *La Bruyère*, celui dont le philosophe un peu sec, un peu pédant, se raille avec raison, mais sans trop savoir lui-même ce que c'est que la vraie curiosité ; non, j'entends cet amateur qui, né artiste, doué du don divin, a été éloigné de l'art par les circonstances : trop de richesse, trop de loisirs, absence de ressources dans le mi-

lieu où il a vécu, carrière absorbante; j'entends, dis-je, celui ou celle qui, ne pouvant avoir la pratique, ont le sentiment ; qui, un jour de leur existence, en passant près d'un chef-d'œuvre perdu, oublié dans quelque coin, s'arrête fasciné, contemple, admire et s'écrie : « Dieu! que c'est beau ! Il y a beaucoup d'amateurs qui s'ignorent : la confiance en eux-mêmes ou l'occasion leur a manqué ; il faut que l'étincelle tombe sur leur âme et que quelqu'un leur crie : *au feu !*
—Heureux les arts qui ont des amateurs ; ils ne dépériront jamais.—

Je rencontrais un jour un châtelain que je ne veux pas nommer, mais que plus d'un reconnaîtra. — C'était il y a longtemps, j'étais fonctionnaire alors, je chassais ou j'essayais de chasser; peu importe, dans une commune des environs de ***, lorsque je vis de loin arriver un homme se traînant avec peine. Son aspect faisait pitié, il paraissait épuisé de fatigue : je croyais avoir affaire à un commissionnaire de campagne, chargé outre mesure. Je m'avançai vers lui avec intérêt comme pour lui prêter mon aide. Quel fut mon étonnement et ma stupeur quand je reconnus M. de B***. Une exclamation s'échappa de ma poitrine et mes yeux s'ouvrirent démesurément. Sur l'épaule, un long panneau sculpté;

sous chaque bras, deux colonnes torses; dans les poches, dans le chapeau, des lambeaux d'étoffes traînant en festons ; le tout composant un lit complet du temps de Charles VII, et, dans cette tenue invraisemblable, l'air rayonnant, l'œil animé, la joie débordant à pleins bords. Je pris la moitié de cette défroque, j'aidai M. de B*** à la transporter jusqu'à sa voiture, nous retournâmes ensemble au château et nous passâmes une bonne journée... C'est que c'était un artiste que ce bon châtelain, un vrai curieux, un amateur de la bonne roche, et son cabinet était un véritable atelier hérissé de tous les instruments du tourneur et du sculpteur en bois... Oui, l'amateur connaît les jours heureux... Et vous, mon cher S.., que je vis, un matin, traverser furtivement des rues noires et malsaines, cachant sous votre paletot une épée à deux mains, dissimulant avec peine un casque rouillé dans un vieux journal, tressaillant au bruit d'un gantelet indiscret qui résonnait tout à coup en tombant d'une de vos poches, embarrassé d'une toile peinte, malpropre et pleine de poussière, marchant gauchement, chargé de ces reliques qui vous ridiculisaient, rougissant sous le regard moqueur du gamin ou de l'imbécile, vous qui, de faux pas en faux pas, de petites misères en petites misères, avez enfin regagné votre maison, avez précipitamment verrouillé votre porte, et, sans respirer un instant, frottiez et fourbissiez avec tant d'ardeur vos trouvailles, qui sautiez de joie tout seul ou tombiez en extase à mesure que se nettoyaient vos trésors; vous en souvenez-vous? C'était en 1847, la veille de la Pentecôte, je vous voyais : vous étiez loin de le soupçonner ; oh! mon ami, mon frère, ce jour-là, n'est-ce pas, vous étiez bien heureux !

Et je ne puis résister au plaisir de citer ici ce passage si connu de Walter-Scott : — « Enfin, « Monsieur, quelle satisfaction de payer le prix « convenu et de mettre le livre dans sa poche, « en affectant une froide indifférence, tandis que « la main frémit de plaisir ! quel bonheur d'é- « blouir les yeux de ses rivaux en ayant soin de « cacher sous un voile mystérieux le sentiment « de son adresse et de ses connaissances supé- « rieures !.. voilà, mon jeune ami, les moments « de la vie qu'il faut marquer d'une pierre blan- « che, et qui nous paient des peines, des soins « et de l'attention soutenue que notre profession « exige, etc., etc. »   (l'*Antiquaire*.)

Les tableaux, les sculptures, les bijoux, les livres, la céramique, les émaux donnent ces joies sans mélange; les vitraux les donneront plus vives encore à ceux qui sauront les gagner.

Et maintenant, arrivons à mon but, il fallait bien dire tout cela, au moins, n'est-ce pas, chers lecteurs, pour prouver combien j'ai raison.

Mon but, ai-je dit, est donc de créer *l'amateur*, l'amateur de vitraux. — Ce but peut paraître original, il est du moins fort ambitieux, car j'ai la prétention outrecuidante de rendre ainsi à l'art de la peinture sur verre un immense service; — En répandant les connaissances de ses richesses, en vulgarisant ses prétendus secrets, en apprenant aux gens du monde, au clergé, à ne plus regarder un vitrail comme un de ces produits chinois dont on ignore la composition et qu'on prend pour ce qu'il est, sans chercher à le comprendre, mais à le regarder en connaissance de cause, sans voir un mystère impénétrable dans des procédés matériels, en ne se préoccupant au contraire que du mérite ornemental et artistique de l'œuvre, relativement à la place où il se trouve. — Je veux qu'on puisse faire la différence de l'art et du métier, de la pacotille commerciale en un mot avec l'œuvre consciencieuse des vrais artistes. — Alors, quand il sera bien constant que l'art de la peinture sur verre est un art connu, pratiqué par de nombreux amateurs, on ne se laissera pas persuader par le jargon menteur et les grands mots des faiseurs d'affaire. — Comme aussi les artistes honnêtes, convaincus et sérieux, seront récompensés de leur fidélité aux loyales et vraies traditions de l'art.

Les heureux du monde, souvent désœuvrés, ceux qui ont des loisirs et du goût trouveront dans ces nouvelles études, une manière facile et charmante d'occuper leurs journées, quel que soit leur âge, quelles que soient leurs habitudes, car ce genre de peinture se prête à tout dans son emploi, et souvent plus elle est faite à bâtons rompus, plus elle donne d'heureux résultats. De là naîtront pour les nouveaux adeptes des ravissements inconnus, des surprises incessantes, des moyens multiples et d'une élégance sans rivale, pour orner les appartements préférés. — A la place de la vitre froide et blanche qui ne laisse passer qu'une lumière brusque et blessante, vous aurez devant vos yeux de douces images conçues, exécutées, combinées par vous-même, vous les aurez aimé en les créant, vous les aimerez toujours et les variations de la lumière n'auront plus sous votre toit, ni brusqueries, ni tristesse. Leur effet sera harmonieux certainement ; car vous aurez quittées objets qui les entourent, ces places qu'il s'occupent sont familiers, vous qui, en partage, avez le goût et l'intelligence, — mieux que tout autre, vous aurez compris le motif ou le sujet qu'il était bon de choisir. — Combien de femmes poètes et artistes contemplent souvent avec fatigue, la fenêtre glacée ou brûlante de lumière. Je veux leur donner le moyen de faire vivre à leur regard les rêves gracieux de leur imagination, d'animer délicieusement le jour qui les éclaire à toute heure, de reposer leurs yeux sur les fantaisies élégantes de leur âme. Les vitraux dont j'enrichirai ainsi vos demeures seront, il est vrai, des œuvres de dimensions restreintes, mais, vous le savez, l'exiguité du cadre n'exclut pas l'ampleur du talent, et si vous savez bien juger de l'effet d'un vitrail placé dans un milieu intime et fantaisiste, vous verrez mieux ce que demandent les proportions larges et majestueuses d'un grand édifice ou d'un monument religieux. Les procédés sont les mêmes, les règles du dessin et de l'harmonie sont immuables, restent les proportions et l'étude des distances, vous y serez conduits par le raisonnement et le goût.

Donc, pour arriver à ce but, fort ambitieux je le répète, de créer *l'amateur* et par suite *le juge*, — je commence tout d'abord par détruire ce préjugé ridicule qui fait croire que la pratique de la peinture sur verre est impossible sans une installation vaste et coûteuse. Je montrerai tout à l'heure que, tout calcul fait, un amateur ne dépensera pas autant pour son installation et son approvisionnement complet, que pour l'achat d'un piano fort ordinaire, ou pour l'établissement d'un tour et accessoires. D'ailleurs, je l'ai dit au commencement et je le repète, je ne m'adresse qu'à ceux qui ont des loisirs, un peu d'aisance et... le feu sacré.

J'ai entendu dire quelquefois (et le rouge de l'indignation me montait au visage) : mais la peinture sur verre, ce n'est pas un art, c'est un métier ; un métier, sans doute, comme la peinture à l'huile, comme la musique, comme la littérature, pour ceux qui l'exploitent au seul point de vue du gain, et je le reconnais, hélas! ceux-là sont plus nombreux ici qu'ailleurs. C'est une raison de plus pour que je poursuive plus fermement mon entreprise et que je redouble d'efforts afin de bien établir pour tout le monde la différence de *l'art* et du *métier*. Ce n'est pas un art! Mais voyez donc la Sainte-Chapelle, Saint-Denis, Beauvais, Bourges, Auch, la bibliothèque de Troyes, tous ces chefs-d'œuvre se sont donc faits sans art, sans génie? Ah! croyez-moi, ceux qui disent de pareilles choses n'ont jamais vu que les ateliers de tel ou tel établi depuis dix ans dans tel ou tel chef-lieu. Ce n'est pas un art! Mais vous, amateur, quand vous aurez composé vous-même, ou choisi votre sujet avec le sain jugement d'un penseur, quand vous aurez combiné les teintes de votre vitrail avec le sentiment d'un vrai coloriste, quand vous aurez tracé largement votre trait et que vous l'aurez modelé d'une main intelligente et spirituelle, quand votre œuvre sera couronnée enfin par ce fini suave qui, sans qu'on en ait soi-même conscience, fond doucement les teintes, détruit les discordances, réunit dans un harmonieux rayonnement parti de l'âme, la combinaison des couleurs les plus opposées, en ayant sans cesse gravé dans votre esprit le souvenir du milieu où l'œuvre trouvera sa place, quand vous aurez fait cela, interrogez-vous vous-même, montrez votre travail à un artiste, à un véritable artiste, et dites-moi alors si ce n'est pas de l'art, et du grand art. — Autrement riche et généreuse que la peinture à l'huile, où quelquefois le sentiment lui-même nuit à l'interprétation en entraînant l'artiste dans ces teintes traîtresses qui compromettent l'existence de leurs ouvrages, la peinture sur verre tient plus qu'elle ne promet. Ce sont des surprises, des effets inespérés ; le feu quelquefois donne une lueur magique à tel ton d'abord trop terne, il brunit ou réchauffe une teinte louche et farineuse, il creuse profondément le pli trop lourd d'une draperie et lorsque le vitrail est en place il n'est pas une heure du jour où son aspect soit le même, les rayons rosés de l'aurore l'éclairent de leur frais éclat, les reflets pourpres du soir l'inondent de leurs flammes ardentes! Oui certes, c'est un art magnifique. Essayez, chers lecteurs, essayez et vous remercierez la providence qui vous a donné le goût et la liberté.

Mais revenons, une fois pour toute, au fond de notre sujet. — Je ne saurais trop le répéter, c'est pour les vrais amis des arts que j'écris. Vous donc qui avez le bonheur d'être libres pourvu que vous ayez en partage le sentiment du beau, soyez attentifs à ce que je vais vous dire, essayez l'application des moyens bien simples et bien pratiques que je vais vous transcrire et dans quelques années votre demeure à la campagne ou à la ville sera transformée en un séjour féerique et enchanteur.

Chers lecteurs, si vous avez la connaissance du dessin elle vous sera précieuse pour commencer vos études de peinture sur verre, mais si elle vous manque rassurez-vous, elle n'est pas indispensable (toujours en vous supposant ce goût et ce sentiment qui, eux, ne peuvent se remplacer) elle n'est pas indispensable dis-je, et voici pourquoi : c'est que l'application des procédés de la peinture sur verre constituent précisément à eux seuls, la méthode la plus sûre, la plus rationnelle et la plus prompte pour apprendre le dessin. Ceci ressemble beaucoup à une découverte, je ne le nie pas, et voici des faits à l'appui de ce que j'avance. J'ai eu l'occasion d'observer des apprentis de tous les âges voulant s'adonner à la peinture sur verre. Eh! bien, tous sans exception, quand ils avaient le goût de leur travail, à tel âge qu'ils fussent, je le répète, au bout de six mois étaient devenus dessinateurs. Ne vous effrayez donc pas vous, artiste-né, qui êtes privé momentanément du secours du dessin. Travaillez et dans quelques temps, je vous l'affirme, vous n'aurez plus ce regret.

Maintenant mes prolégomènes sont biens finis, je n'y reviendrai plus et j'entre en matière.

CHAPITRE II.

Un mot d'histoire. — Origines. — Premiers vitraux. — Les divers siècles. — La splendeur. — La décadence. — La renaissance. — Est-ce une renaissance ?

Il faut bien dire un mot d'histoire, autrement je manquerais à tous les usages et vous ne voudriez pas, chers lecteurs, que votre professeur s'oubliât à ce point. Le prestige est nécessaire à celui qui veut enseigner. Subissez donc encore de bonne grâce, cette disgression, à laquelle je ne vous avais pas préparés, je serai aussi court que la dignité de mes fonctions me le permettra.

C'est aux Phéniciens, dit Pline, que revient la gloire de la découverte du verre. Les Egyptiens poussèrent très-loin la perfection de l'art du verrier; on a trouvé dans les ruines de Thèbes le collier en pâte de verre coloré, de la reine *Ramâkâ*, aimée d'*Athor* et j'ai entendu à la dernière exposition orientale un savant que je vénère, déplorer sérieusement que les Pharaons aient négligé de percer des fenêtres aux Pyramides, attendu que, sans aucun doute, on y verrait encore des vitraux du temps de Sésostris. Ce serait un beau coup d'œil assurément que les bonshommes de l'obélisque portraiturés en peinture sur verre, mais l'enthousiasme qu'ils m'inspirent se contente facilement de les admirer sur leur monolyte monochrôme. Toujours est-il que bien des siècles avant l'ère chrétienne, les Egyptiens auraient pu, dit-on, nous faire une rude concurrence pour tout ce qui touche à l'emploi du verre. Que de choses ne revendique-t-on pas de nos jours, à la gloire de ces illustres momies. La vapeur, le télégraphe électrique, le vélocipède, ils n'ont rien ignoré, n'oublions pas néanmoins que du haut de ces authentiques traditions, quarante siècles nous contemplent. Je n'entrerai pas dans l'examen des marbres transparents (*Lapis lucidus*), des pierres spéculaires (*lapis specularis*) qui bouchaient les croisées des Romains ; qu'il me soit permis de passer de suite au déluge, je veux dire aux XIIe et XIIIe siècles où commence pour nous l'histoire, puisque c'est de cette époque, à une ou deux exceptions près, que datent les plus anciens monuments qui nous restent en peinture sur verre.— On divise par siècle les diverses phases de cet art, dont l'éclat disparaît brusquement au règne de Louis XIV, peut-être parce que le grand roi considérait comme inutile tout ce qui ne reflétait pas sa grandeur.

Je ne m'occuperai ici que de la France, aussi bien c'est là que fut le vrai foyer de la peinture sur verre.

Voici donc quelles sont ces époques et les différents caractères qui les distinguent. C'est à P. Levieil, à M. de Caumont, à l'ouvrage de Lévy que sont empruntés en grande partie ces renseignements.

Ire ÉPOQUE. — XIe ET XIIe siècles. — *Caractères.* Fenêtres plein-cintres et vers la fin devenant ogivales-simples; médaillons ronds, lozangés, quadrilobés, toujours dessinés par la ferrure, bordures larges, polylobées, perlées, ornées quant aux feuillages, fonds résillés et mosaïques, pièces de verres très petites, à couleurs inégales, plombs coulés et rabotés, dessin lourd et raide.

Principaux vitraux existants : cathédrale d'*Angers*, dans la nef à gauche 1125 à 1130, église Saint-Serge, hôpital.— *Chartres*, sous la rose occidentale. — *Abbaye de Fontevrault* (Maine-et-Loire).— *Abbaye de Saint-Denis* (abbé Suger).— *Vendôme*, église de la Trinité.— *Abbaye de Bonlieu* (Creuse) 1141, vitrail incolore.

Peintres verriers connus : *Roger* de *Reims*

1060-1070 ; *Clément* de Rouen, on n'en connaît pas d'autres.

IIe ÉPOQUE. — XIIIe siècle. — *Caractères*. Le plein-cintre et l'ogive se mêlent dans les fenêtres, la forme des médaillons varie davantage, les bordures sont plus étroites, plus légères, à feuillages trilobés généralement (emblème de la Sainte-Trinité), on voit de grands personnages représentés dans les fenêtres des nefs supérieures. Costumes du moyen-âge aux personnages des légendes sans distinction de races et de pays, harmonie dominante, détails sacrifiés, on voit des cheveux verts et des barbes bleues.

PRINCIPAUX VITRAUX EXISTANTS : *Chartres*, — *Reims*, — *Paris* Notre-Dame, la Sainte-Chapelle, *Strasbourg*, — *Rouen*, — *Poitiers*, — *Clermont-Ferrand*, — *Auxerre*, — *Troyes*, — *Tours*, — *Soissons*. Les vitraux de Chartres, les grandes roses de Notre-Dame de Paris, les vitraux de Reims et de Soissons, les grisailles colorées de Poitiers, Tours et Troyes sont les plus remarquables.

PEINTRES VERRIERS CONNUS. Pendant ce siècle il semble que les artistes, absorbés tout entiers par la sainteté de leur mission et préoccupés seulement de la gloire de Dieu, n'aient jamais pensé à eux-mêmes, on ne trouve pas une signature sur les admirables vitraux de cette époque.

IIIe ÉPOQUE. XIVe siècle. *Caractères*. La forme ogivale règne exclusivement, le dessin se perfectionne, la charpente en fer se modifie pour respecter davantage les formes des personnages. D'importantes découvertes, le jaune d'argent, les émaux, les verres doublés (1) qui permettent de répandre l'or et les broderies sur les costumes et dans les fonds donnent un nouvel essort à l'art ; harmonie splendide, armoiries.

PRINCIPAUX VITRAUX EXISTANTS : *Beauvais*, — *Chartres*, — *Carcassonne*, — *Evreux*, — *Limoges*, — *Narbonne*, — *Strasbourg* — *Toulouse*. Les palais et les châteaux se parent de verrières magnifiques.

PEINTRES VERRIERS CONNUS. Dessin de *Jean de Saint-Romain, Henri Mellein de Bourges*, et ses descendants, annoblis par Charles V et Charles VI, *Hubert* et *Jean Van Eyck de Bruges*. Encore très peu de vitraux signés.

---

(1) Il y a divergence d'opinion quant aux émaux dont on attribue la découverte aux frères Van Eyck ; pour le jaune d'argent, — les uns leur en donnent la gloire, d'autres l'attribuent à un moine dont l'agrafe d'argent tomba sur une pièce en fusion et la teignit en jaune. On n'est pas parfaitement d'accord sur ces origines, mais, c'est toujours vers cette époque que ces différents émaux colorants furent mis en usage.

IV° ÉPOQUE. XVᵉ SIÈCLE. *Caractères.* — Le style ogival s'enrichit tellement de fleurons, de dentelles, que les vitraux eux-mêmes veulent se parer de ces architectures magnifiques ; les dais, les niches gothiques s'introduisent dans les fenêtres et servent de cadres à de grands personnages isolés. De là, peut-être cette lutte qui commence entre le peintre et l'architecte, lutte dont on verra bientôt les funestes effets. Le dessin se perfectionne chaque jour et les plus grands maîtres travaillent à des cartons de verrières. L'harmonie seule commence à souffrir de cette abondance de biens. La découverte des verres doublés se vulgarise rapidement et prête son concours et ses immenses ressources à la splendeur de la peinture sur verre.

PRINCIPAUX VITRAUX EXISTANTS : *Bourges,* — *Chartres,* — *Evreux,* — *Limoges,* — *Le Mans,* — *Metz,* — *Paris* (rose de la Sainte-Chapelle), — *Riom* (Sainte-Chapelle), *Tours-Rouen* (Saint-Ouen).

PEINTRES VERRIERS CONNUS : Le bienheureux *Jacques Lallemand,* né à Ulm, dominicain ; la famille *Mellein,* déjà nommée, auteurs de vitraux de Bourges (Hôtel-de-Ville) représentant Charles VII et ses douze pairs. (*Détruits*). *Albert Durer, Enguerand-le-Prince,* né à Beauvais (vitraux de Beauvais), cartons de *Raphaël; Jules Romain, Michel-Ange.*

Vᵉ ÉPOQUE, XVIᵉ SIÈCLE, *Caractères* : Les vitraux deviennent des tableaux, et les peintres-verriers ne se préoccupent plus ni de la forme, ni du style de la fenêtre. Aucun lien n'existe dès lors entre les verrières et le monument; en revanche, les dessins sont admirables, l'indépendance du peintre-verrier est puissamment servie par l'emploi général des émaux.

PRINCIPAUX VITRAUX EXISTANTS : *Alençon,* — *La Ferté-Bernard,*— *Brou,* — *Auch,* cathédrale, série très-remarquable et très-bien conservée ; — *Beauvais,*— *Troyes,*— *Sens,*— *Châlons,*— *Bourges,* chapelle Sainte-Barbe ; — *Paris,* Saint-Gervais, Saint-Etienne-du-Mont, Saint-Méry ; — *Château d'Ecouen* (la famille de Montmorency possède encore la collection de ces vitraux représentant l'histoire de Psyché, cartons de *Raphaël* et du *Primatice*, peinture de *Bernard de Palissy*). — *Château d'Annet,* par Jean Cousin ; — *Rouen,* — *Auxerre,* — *Limoges,* — *Metz,* — *Vincennes,* par Jean Cousin.

PEINTRES-VERRIERS CONNUS : *Robert Courtois,* (Limoges) ; *Arnault de Molles* (Auch) ; *Jean et Nicolas Le-Pot* (Beauvais) ; *Robert Pinaigriers* (Paris) ; *Maître Claude,* frère *Guillaume, Jean Cousin,* (le Michel-Ange français) ; *Jean et Léonard, Gontier Linard, Madrain et Cochain* (Troyes);

Bernard de Palissy, Guillaume Levieil, ancêtre de *Pierre* l'historien (Rouen) ; *Claude* et *Israël Henriet* (Châlons) ; *Pierre Raymond* (Limoges).

vi[e] ÉPOQUE, xviie SIÈCLE, *Caractères* : Les compositions deviennent de plus en plus surchargées, mystiques, énigmatiques ; les armatures se contournent, les sujets s'isolent et se *personnalisent*, et on comprendra bientôt pourquoi on se sentit porté à ne plus respecter ces œuvres disparates et étrangères aux monuments qu'elles ornaient. Tous ces abus de l'art, toute cette exhibition de richesse amène la satiété ; l'orgueil empêche de plus en plus les artistes de se rapprocher des architectes, mais comme si les désastres de l'art devaient avoir aussi leurs compensations et leurs consolations, ils s'enferment chez eux et, pour se mettre à l'aise, font du vitrail de chevalet et créent ces ravissantes compositions qui se vendraient au poids de l'or, si elles se vendaient. — On y reviendra à cet art charmant et magnifique à la fois, et, d'autant plus, qu'il peut vivre à part et ne pas se confondre avec ces vastes conceptions architecturales, dont le point de départ ne peut être le même. — Quoi qu'il en soit pour les grands monuments, les vitraux furent frappés de défaveur ; les architectes y poussant, par une sourde rancune, on se plaignit de l'obscurité qu'ils donnaient aux églises, sainte obscurité ! des distractions qu'ils causaient aux fidèles, pieuses distractions ! du tort enfin qu'ils faisaient aux ajustements italiens, que la mode dépaysait à leur grand détriment et au détriment de la France, la patrie de l'ogive et du clocheton. Les peintres-verriers retirés dans leurs ateliers, se découragèrent, émigrèrent, et bientôt leur nombre fut si restreint qu'on ne trouva plus en France ni verre de couleur pour être peint, ni artiste pour peindre le verre, et cette disette fut telle qu'en l'année 1643, quand il fut nécessaire de réparer les vitraux de la cathédrale d'Auch, le chapitre fut obligé de faire des démarches sans nombre, pour arriver à mettre ce travail en train. Certaines lettres du plus grand intérêt et des plus curieuses, échangées à ce sujet entre les chanoines et un certain Jacques Damen, et mises à jour par le savant abbé Caneto, dans un article remarquable des *Annales archéologiques*, (Année 1850, tome 10, page 26,) contiennent des détails qui ne laissent aucun doute à cet égard. C'en était donc fait de la peinture sur verre en France, puisqu'il n'y avait plus de verriers, plus de peintres et... pas d'amateurs.

PRINCIPAUX VITRAUX EXISTANTS : La première

partie du xviiᵉ siècle fournit néanmoins encore un assez grand nombre de beaux vitraux : Saint-Etienne-du-Mont, Saint-Germain-l'Auxerrois, Saint-Eustache, Saint-Gervais à *Paris*; — *Troyes*, — *Chartres*, — *Bourges*, — *Auch*, — *Toulouse*, — *Orléans* (les roses), — *Gannat*. Mais ce qui reste le plus remarquable de ce siècle, sont les vitraux d'appartement; ceux de la bibliothèque de *Troyes* sont précieux et au plus haut point intéressants à voir. (On les attribue à *Linard-Gonthier*, de la famille de ces Gonthier à qui *Troyes* doit les magnifiques vitres du xviᵉ siècle.)

PEINTRES VERRIERS CONNUS : *Jacques de Paray*, de Saint-Pourçain (Allier); *Jean Nogare*, *Héron* et *Chamu* (Saint-Mery à Paris.); les fils de *Pinaigrier*, (le plus célèbre est *Nicolas*,) (Saint-Etienne-du-Mont), *François Perrier*; *Perrin*, Grisailles de Saint-Gervais (cartons de *Lesueur*); frères *Maurice* et *Antoine*, récollets, *Pierre Mathieu*, *Guillaume Levieil* et ses fils (Rouen); *Linard-Gonthier*, (Troyes); *Gérard Dow*, en Hollande. Je n'ai cité que les plus célébres et, je le répète, à quelques exceptions près justifiées par la célébrité des noms, je n'ai parlé que de la France.

VIIᵉ ÉPOQUE, XVIIIᵉ SIÈCLE, *Caractères* : On pourrait dire en parlant de la peinture sur verre au dix-huitième siècle, ce que *Regnard* disait de

Léandre: son caractère est de n'en pas avoir. Les vitraux de Saint-Sulpice en vitres blanches, à bornes régulières, avec une bordure jaune et un petit cadre jaune aussi au milieu, sont le triste spécimen, résumant la manière des peintres verriers de la décadence, devenus vitriers. Un seul artiste reste ; il se fait historien, et si les peintres-verriers et auteurs d'opuscules sur la peinture sur verre de notre temps, avaient quelque justice et quelque reconnaissance, [ils ouvriraient une souscription et élèveraient un monument à la mémoire de Pierre Levieil, qui, dans un siècle de découragement et d'oubli pour son art, a eu la force d'âme et la noble pensée d'écrire un livre unique dans son genre et où tous ceux qui se sont occupés de peinture sur verre ont appris ce qu'ils savent de meilleur. M. Bontemps dont les opinions sont pourtant si justes et si loyales, reproche à Levieil diverses erreurs. Je ne puis m'empêcher de le trouver un peu sévère. Levieil s'est trompé sur plusieurs points c'est vrai, mais c'est peut-être de son erreur qu'est venue la lumière ; il n'était pas verrier, mais peintre-verrier. Il ne savait pas tout, mais que de choses on aurait toujours ignoré, s'ils ne les avait dites. Encore une fois l'art de la peinture sur verre lui doit bien certainement sa conservation et sa résurrection.

Il est inutile de détailler des œuvres dans le genre des fenêtres de Saint-Sulpice ; les plus belles sont assurément les vitres de Notre-Dame de Paris, qui existaient encore il y a quelques années et celles de la chapelle de Versailles, peintes par Pierre Levieil lui-même ; on y trouvera les derniers efforts, pour employer les paroles d'un grand évêque qui les a fait vibrer sous sa voix, d'un art qui tombe et d'une grandeur qui s'éteint.

VIII° ÉPOQUE. — RENAISSANCE. — XIX siècle.— *Caractères.* — Parmi les conquêtes de la glorieuse révolution de 1789, il serait difficile à ses plus chauds partisans d'en compter une seule dans le domaine de l'art ; si à une époque on cassa les vitres, il faut bien dire que ce fut pendant ces jours à jamais mémorables et la peinture sur verre avait prudemment pris son temps pour mourir (1). Mais nous voici parvenu à ce moment propice où l'imagination des poètes

---

(1) Hélas depuis que ces lignes sont écrites, nous avons vu bien pis encore, mais ces tristesses sont trop près de nous pour en parler avec assez de calme et de résignation.

longtemps comprimée par la guerre et la crainte prit son essor et revint à ce sentiment français qui avait choisi pour architecture nationale les flèches aiguës, les grands arceaux et les feuillages aux mille dentelures, qui recherchait enfin dans les monuments cette majesté ombreuse, plantureuse et ornementale des grands bois, où pend la liane, où grimpe le lierre, où fleurit le lichen et la mousse, à ce sentiment, dit l'auteur du *Génie du Christianisme*, qui faisait *bâtir des forêts*.

Les esprits reposés saluèrent avec enthousiasme ce retour vers les inspirations de nos ancêtres, et à mesure que l'on remit au jour ces richesses oubliées, l'enchantement grandit, et, pour beaucoup, le goût du gothique prit le caractère d'une passion véritable. Les vitraux devaient avoir leur place dans cette résurrection et ils ne furent pas oubliés. Nous citerons parmi les exaltés, et les apôtres de cette renaissance, les noms les plus célèbres, sans ordre, sans classement, et à mesure qu'ils se présenteront à notre souvenir; nous en oublierons sans doute et peut-être de ceux qui ont le plus de droit à la gratitude des artistes ; mais ceux-là sont assez sûrs du bien qu'ils ont fait pour nous pardonner notre défaut de mémoire, bien certains qu'ils sont aussi, qu'ils partagent notre reconnaissance.

Nous citerons donc parmi les *collectionneurs*, Alexandre Lenoir, — Casimir Périer, — Aguado, —Jacques Lafitte,—le comte de Laborde,—Vitet, — Jules Labarthe, — du Sommerard (père); — parmi les *savants*,— Brongniart, — Chevreul; — parmi les *littérateurs*, Chateaubriand, — Charles Nodier, — de Barante, — Augustin Thierry, — Montalembert, — le comte de Noé, — les *traducteurs* de Walter Scott,—Victor Hugo qui depuis... Alfred de Vigny, — Mérimée ; parmi les *auteurs spéciaux*, Ferdinand de Lasteyrie, — le comte de Noé, — de Caumont, — Didron aîné, — de Guilhermy, — Batissier, — Bontemps, — Viollet-le-Duc. — Hucher, — Lassus, — Thevenot, — Chenavart, — Langlois, etc; et dans le clergé, les pères Cahier et Martin, — l'abbé Texier, — l'abbé Caneto, — l'abbé Bourassé de Tours, — l'abbé Pierret, — l'abbé Cochet, etc.

Oui, quelle reconnaissance ne doit-on pas à ces hommes que je viens de nommer; hélas! ils ne prévoyaient pas que la décadence arriverait de nouveau si peu après la renaissance. Nous avons dit où l'art en était aujourd'hui et nous marchons vers le gouffre à grands pas. J'ai dit aussi comment j'espérais apporter ma pierre à la digue qu'il est urgent d'opposer à ce débordement de la paccotille. Je me hâte donc de passer à l'indication des moyens que je désire voir mettre en œuvre.

CHAPITRE III.

L'atelier de l'amateur de peintnre sur verre. — Son mobilier. — Son outillage. — Moyen de se procurer tout le matériel nécessaire, moins coûteux qu'un piano ordinaire. — Inutilité de faire aujourd'hui ses couleurs soi-même. — De laminer les plombs, etc.

Il est indispensable, mes chers lecteurs, que vous soyez avant tout, bien installés, bien outillés, et, en vous donnant ces indications nécessaires, soyez bien persuadés que je m'appliquerai à simplifier autant que possible. — Rien de trop, — rien de moins. —

Dans une pièce à cheminée de grandeur moyenne, il vous sera très-facile d'établir tout votre atelier. Les fenêtres placées au nord ou nord-est seront préférables ; néanmoins, au moyen de stores, on peut aisément remédier à un jour du midi ou du couchant ; — mais il est essentiel qu'il n'y ait d'ouvertures que d'un seul côté de la pièce.

Tenez les murs libres, au moins d'un côté, pour clouer vos cartons à faire ou bien à copier.

Voici quel sera votre matériel. Je donne de suite le prix de chaque objet, afin de n'avoir plus à y revenir.

1°	1 table en bois blanc, sur tréteaux mobiles, 1m70 sur 1m, pour les tracés...............	15	»
2°	1 table en bois blanc, sur tréteaux mobiles, 1m25 sur 0m75, pour la mise en plomb......	15	»
3°	1 chevalet mobile pouvant se placer sur une table.......................................	20	»
4°	1 grand chevalet sur pieds pouvant servir à la fois pour les petits et les grands sujets.....	50	»
	(A la rigueur ce chevalet peut être supprimé si on se borne aux petits vitraux.)		
5°	1 boîte à couleur portative contenant 18 palettes.	40	»
6°	1 petite étagère en bois pour porter les flacons.	5	»
7°	4 couvercles en fonte pour préserver les couleurs de la poussière pendant les interruptions du travail..................................	8	»
8°	2 molettes en verres de différentes grosseurs..	6	»
9°	1 rouleau de grand papier à tracer...........	10	»
10°	1 moufle en fonte à 6 plaques................	40	»
	Cette mouffle sera établie dans un coin de votre cheminée, suivant les indications de la planche 2, cette installation coûtera 20 francs.	mémoire	
11°	Assortiment complet en flacons des couleurs nécessaires pour le travail d'un an, et toutes préparées sur les palettes de la boîte pour les premiers travaux :		
	1 palette brun pour le trait (à l'acide acétique).		
	2 palettes brun pour les teintes à l'eau gommée, à l'essence.....		
	2 — noir vert —		
	2 — carnation —		
	2 — carmin —	120	»
	2 — bleu —		
	2 — vert —		
	2 — jaune —		
	2 — blanc —		
	1 — bitume chaud pour glacis..........		
	Ces couleurs se conservent admirablement, enfermées dans les flacons. La partie toute préparée sur les		
	A reporter........	329	»

	Report........	329	»
	palettes sera alimentée pour le travail par l'acide acétique, l'eau gommée ou l'essence. Quand on en ajoutera des flacons de la provision, on aura soin de bien broyer avec la molette, comme, d'ailleurs, on devra le faire toujours avant de travailler.		
12°	Argent préparé pour les jaunes en flacon.....	10	»
13°	50 kil. de plomb laminé à 70 c. le kil. moyen et petit................................	35	»
14°	10 kil. de soudure à 3 fr. 50.................	35	»
15°	1 diamant pour couper le verre...............	20	»
16°	1 fer à souder (1)..................... 1 50		
	1 fourneau à souder................... 1 50		
	1 petit marteau....................... 1 50		
	1 tenaille............................ 1 50	9	»
	1 pince à tête plate................... 1 50		
	2 couteaux à couper et à rabattre les plombs........................... 1 50		
17°	1 rochoir pour la résine, et résine............	2	»
18°	1 burette pour l'essence.....................	1	50
19°	1 kil. de cire à modeler pour soutenir les pièces de verre sur le chevalet..................	2	»
20°	3 flacons : essence grasse, essence maigre, eau gommée...............................	5	»
21°	1 flacon acide acétique.....................	1	»
22°	1 flacon acide fluoridrique (en gutta-percha).. (Il est plus prudent d'avoir ce flacon en argent.)	8	»
23°	1 flacon de vernis pour la gravure............	7	»
24°	Pinceaux, brosses, blaireaux, couteau à palette, 2 appuis-main (approvisionnement)........	25	»
25°	1 boîte à clous punaise.....................	3	»
26°	1 boîte à clous sans tête....................	1	»
27°	1 cadre à rainures pour la gamme des verres, tout garni.............................	8	»
	Total.............	501	50
	Frais accessoires...........	50	»
		551	50

(1) Accompagné d'une plaque en ferblanc, destinée à être enduite de soudure et de résine, pour étamer la pointe du fer lui-même au moment du soudage.

Quant à la provision de verre, si vous habitez une ville, il est inutile d'en faire l'avance, vous pourrez le prendre au fur et à mesure de vos besoins, dans les magasins de verre ou même chez les peintres-verriers qui, certainement, se feront un plaisir de vous en céder pour votre petite consommation. Si au contraire vous habitez la campagne, il vous sera facile de vous faire expédier l'approvisionnement nécessaire pour un an, en même temps que l'outillage :

Cet approvisionnement coûtera suivant l'énumération des couleurs suivantes : (Voir planche 1re, la gamme coloriée).

1° Blanc ordinaire..	10	»	Report..... 83	»
2° Blanc ancien verdâtre..........	10	»	14° Violet rose...... 2	»
			15° Violet clair..... 2	»
3° Blanc ancien jaunâtre..........	10	»	16° Violet foncé.... 2	»
			17° Brun chaud foncé 3	»
4° Jaune clair.....	5	»	18° Brun chaud clair. 3	»
5° Jaune doublé...	2	»	19° Vert foncé chaud. 3	»
6° Jaune foncé.....	5	»	20° Vert clair chaud. 3	»
7° Rouge foncé....	5	»	21° Vert foncé froid. 3	»
8° Rouge clair.....	10	»	22° Vert clair froid.. 3	»
9° Carmin doublé..	1	»	Total.... 107	»
10° Bleu clair céleste	5	»		
11° Bleu clair doublé	10	»	A 3 fr. l'une dans l'autre la feuille, ci....... 321	»
12° Bleu foncé doublé	5	»	Frais accessoires... 20	»
13° Bleu foncé......	5	»	341	»
A reporter....	83	»		

On pourrait essayer avec moitié de l'approvisionnement, 170 f.

Ainsi donc, moyennant 800 ou 1,000 francs, au maximum, vous aurez un atelier d'amateur, (je comprends dans ce chiffre l'installation du four et le port approximatif), aussi complet que possible, et rien ne vous empêchera de produire des vitraux tels, qu'en en tirant parti, vous serez rapidement remboursé de toutes vos avances.

Peut-être serait-ce ici le cas, chers lecteurs, de parler de la composition et de la combinaison des couleurs ; mais, outre que ces considérations nous entraîneraient trop loin, pour un cadre aussi restreint que le nôtre, il faut éviter d'arrêter, dès le début, vos essais par une étude séduisante sans doute, mais, on peut le dire, à peu près inutile dans la pratique, aujourd'hui que vous trouvez des couleurs excellentes toutes faites et presque toutes préparées. (1) Lorsque vous aurez pratiqué quelque temps, il vous sera facile, si le désir vous en vient, d'approfondir les secrets de votre art et de consulter les ouvrages

---

(1) Il en est de même de certaines opérations qui se faisaient autrefois dans tous les ateliers et dont on peut aujourd'hui très-facilement, éviter l'embarras et les longueurs ; ainsi on trouve dans le commerce d'excellents plombs tout laminés. (Voir l'état du matériel.)— Page 42.

spéciaux dont je vous donne le catalogue à la fin de ce petit livre, quant à la combinaison, à la juxtaposition des tons et aux effets de la lumière sur les nuances ; vous aurez tout le loisir de faire des expériences, en comparant vos travaux avec les vitraux anciens, en essayant les verres différents en les rapprochant, les séparant, les superposant ; les livres du savant M. Chevreul et les observations de M. Viollet-le-Duc *(Dictionnaire d'architecture*, vol. IX, article *Vitraux)*, vous offriront sur cet objet, les notions les plus intéressantes et les plus complètes.

Il est cependant quelques données élémentaires qu'il peut ne pas être indifférent de consigner ici. Les verres sont de trois sortes : ceux teints et colorés dans la masse, ceux à deux couches ou doublés, enfin les verres blancs. Les premiers servent, pour ainsi parler, à la coloration mosaïque du sujet ; les seconds, qui s'obtiennent par l'opération du soufflage, en étendant sur un manchon de verre blanc une couche mince de verre coloré, servent à enlever, au moyen de la gravure à l'acide ou, comme autrefois, de la meule, les ornements sur les étoffes, les galons, les bordures, quelquefois même les clairs sur certaines parties des vêtements ; leur utilité est d'éviter des plombs difficiles et des coupes trop exigues. Tout le verre rouge préparé pour les vitraux se fait à deux couches et, non-seulement pour l'emploi que nous venons d'expliquer, mais encore pour obtenir cette transparence et cette richesse de ton que le verre dans la masse ne présente jamais. — Quant aux verres blancs, ce sont ceux-là qui sont destinés à être colorés par le peintre lui-même, au moyen des couleurs en émail dont nous venons de vous donner la gamme et dont vous avez un assortiment complet dans votre boîte.

CHAPITRE IV.

Moyens pratiques de faire des vitraux. — Cartons. — Tracé. — Coupe. — Peinture. — Mise en plomb. — Mise en place. — Conseils généraux. — Qu'il faut peu de petits moyens pour faire de grandes choses.

Nous ne parlerons ici, cela est bien entendu, que des vitraux d'appartements, d'oratoires, de vitraux suisses etc., de ceux enfin qui sont spécialement du domaine de l'amateur, sauf à lui à se lancer plus tard dans un champ plus vaste.

L'arène que nous ouvrons est, d'ailleurs, assez étendue et assez variée déjà pour satisfaire les imaginations les plus ardentes et les esprits les plus avides d'études.

Si je suppose que vous dessinez votre carton vous-même, j'ai peu de choses à vous en dire ; dans ce cas vous êtes un artiste et mes conseils seraient inutiles. Néanmoins ne perdez jamais de vue que c'est une peinture sur verre que vous

Carton (1).

---

(1) Il est inutile de dire que *carton* veut dire ici *dessin*, *modèle*.

allez entreprendre et que vos sujets doivent être toujours *décoratifs*. Mais si, comme la chose est très-possible, puisque la connaissance du dessin n'est pas indispensable, ainsi que je l'ai expliqué déjà, vous choisissez un carton tout fait, — l'important, dans ce cas, est de vous adresser aux bonnes sources et de ne pas vous laisser séduire par des compositions vagues qui, belles en elles-mêmes, deviendraient lourdes et ridicules en peinture sur verre. Cherchez à voir dans les musées le peu de spécimens qui s'y trouvent des vitraux Suisses ou d'appartement, visitez les bibliothèques, les ouvrages d'ornement. Il faut, dès le début, vous laisser un peu guider et ne vous bien confier à votre propre goût que lorsque vous posséderez la connaissance des ressources et des moyens de votre art.

Cela dit, j'admets que le carton, fait ou choisi par vous, tout fait, soit placé devant nos yeux...

Calque. Vous posez ce carton sur le verre de votre grand ou de votre petit chevalet, suivant sa dimension, après avoir fixé dessus, au moyen d'épingles, une feuille de votre *papier à tracer*, papier jaunâtre, fort et cependant transparent, vous le retenez sur le verre au moyen de petits clous-punaises que vous piquez dans le bois même du chevalet; car quelle que soit la dimension du dessin, il faut toujours couper votre feuille assez grande pour qu'elle dépasse de 4 ou 5 centimètres au moins, les rebords de votre carton.

Cette installation terminée, vous prenez un crayon de mine (Fabert n° 1), et vous calquez exactement le contour extérieur de toutes les figures, des ornements et du fond, puis vous détachez votre papier du chevalet et du dessin et vous commencez l'opération du choix des couleurs pour la coupe des verres. C'est là une chose délicate et qui demande, au plus haut degré, ce sentiment de l'harmonie et de la ligne, sentiment que vous devez avoir, je le répète encore, même sans être dessinateurs. Vos sujets étant de petite dimension, voici ce que je vous engage à faire : au lieu d'un calque du carton, faites-en deux, et avec des couleurs à l'eau, en plaçant devant vous votre gamme de verre, colorez à teintes plates transparantes votre sujet tout entier, et sans vous occuper du modelé, comme une carte de géographie. Cela fait, éloignez l'image de vos yeux, regardez-la de loin en fermant un peu les paupières, et, si l'ensemble vous paraît harmonieux, que rien ne

Choix des couleurs.

Double calque coloriée.

vous semble criard ou *troué,* établissez vos teintes sur cette donnée; ce premier jet de votre sentiment, doit être excellent avec les qualités que je vous ai reconnues. C'est ainsi que faisaient les anciens quand ils créaient leurs chœfs-d'œuvre.

Je reviens sans cesse sur cette question du sentiment de l'art, parce que si vous en êtes privé, il est inutile de chercher, par quelque moyen que ce soit, ce que vous ne trouverez jamais.

Tracé.

Ainsi donc, voilà votre sujet calqué et coloré, reprenez alors votre double calque et, à l'aide d'une grosse plume d'oie ou de roseau, marquez la forme des verres à couper, suivant chaque couleur.

Ce travail demande une scrupuleuse attention ; en préparant et indiquant vos coupes, il faut vous pénétrer de cette idée, que les émaux ne doivent s'employer que lorsqu'il est absolument impossible de faire autrement et de se servir de verres teints dans la masse. Il est bien certain, je me hâte de le dire, que s'il y a lieu d'employer en peinture sur verre, les couleurs au pinceau, c'est bien certainement dans les vitraux d'appartements et dans les petits sujets délicats. Mais on se laisse si souvent aller à en abuser, que je dois prévenir les débutants contre cet écueil dangereux. Il doit en être un peu des émaux dans la peinture sur verre, comme des glacis dans la peinture à l'huile; c'est le fini, le recherché de l'œuvre, ce n'est pas l'œuvre elle-même (encore une fois, je ne parle pas des très-petits sujets). La peinture sur verre veut des plombs, des traits vigoureux, des couleurs franches, l'harmonie est dans l'équilibre des tons et non pas dans la juxtaposition des teintes.

Pénétrez-vous donc de ce principe, en distribuant vos verres et surtout en ce qui touche la gravure à l'acide fluoridrique dont nous parlerons plus loin.

Afin d'être clair, je vais prendre pour exemple de sujet à colorer la gravure très-connue du porte-étendard de Golztius (planche 2) ; je suppose que vous vouliez faire un vitrail de ce personnage, dans le genre dit *suisse*, et que vous adoptiez les couleurs suivantes : Drapeau rouge, — toque jaune, — justaucorps et haut-de-chausses, gris brodé d'or, — bas rouges, — souliers, bleu fond ciel, — terrain du premier plan, jaunâtre. Vous pouvez, si voulez, éviter la gravure, établir votre coupe comme dans la fig. 2. Si, au contraire, vous gravez, vous évitez un grand nombre de plombs, comme dans la fig. 3, ou encore dans la fig. 4. Ce dernier parti est sans contredit le meilleur. C'est un moyen terme qui, en permettant l'élégance du travail, n'en compromet jamais la solidité. Vous avez, dans tous les cas, à employer comme émail inévitable, dans les trois exemples : le rouge-carnation, le vert (plumet), le bleu, puis le jaune d'argent. Quant à la bordure, vous découperez les filets intérieurs en rouge, les filets extérieurs en jaune et vous emploierez, pour les fonds, le même verre que pour le vêtement brodé d'or du personnage ; les quatre coins seront rouges et vous en *graverez* les ornements.

J'ai choisi cet exemple qui présente peut-être d'assez nombreuses difficultés d'exécution, mais on y trouvera réunis, la plupart des moyens employés et des ressources en usage.

Je ne crois pas qu'il soit nécessaire de parler ici des simples sujets en grisaille. Ce genre de peinture fort agréable, d'un emploi souvent très-heureux, se comprend sans efforts quand on a pratiqué le vitrail en couleur.

Coupe des verres. Une fois votre tracé bien arrêté, vous procédez à la coupe des verres, à l'aide de votre diamant ; il est certain que pour cette partie du travail, il est a peu près indispensable que vous ayez quelques leçons préliminaires pratiques, le premier vitrier venu fera un excellent professeur. Vous casserez bien quelques pièces en débutant, mais en ayant la précaution de mettre des gants, ce sera le seul inconvénient de votre apprentissage.

Les opérations de dessin, de calque, tracé et coupe achevées, il faut maintenant peindre le vitrail.

Vous placez donc, en les rassemblant comme un jeu de patience, tous vos verres coupés sur votre carton et suivant le dessin que vous voyez en transparence, vous calquez avec le plus de netteté possible, le contour des diverses parties du sujet, observant bien le plus ou moins de vigueur des traits, suivant le plan.

Calque au pinceau.
—
Trait.

(S'il s'agissait de vitraux d'église ou destinés à être vus de loin, le trait devrait être beaucoup plus gras, plus carré, plus accentué, — mais nous ne parlons ici que du vitrail d'intérieur.)

Ce calque se fait avec l'émail brun, broyé à l'acide acétique (palette n° 1). — Il pourrait se faire simplement au brun préparé à l'eau gommée, mais la difficulté d'emploi est beaucoup plus grande, et vous expérimenterez ce moyen plus tard. — N'oubliez jamais que chaque fois que vous employez une couleur, il faut la triturer soigneusement et assez longtemps avec la molette de verre et le couteau à palette, en y ajoutant, soit un peu d'acide acétique, soit un peu d'eau gommée, soit un peu d'essence grasse ou maigre, suivant le degré de moelleux qu'il vous plaira d'obtenir et le point où en est arrivé votre travail.

On se sert pour le trait de petits pinceaux longs et fins en les tenant le plus perpendiculairement possible à la pièce de verre sur laquelle on travaille.

Le trait terminé, on suspend le carton devant soi ; on rassemble (toujours en se plaçant au point de vue d'un vitrail de petite dimension ; s'ils s'agissait d'un grand vitrail, il faudrait une première mise en plomb sommaire,) les différentes pièces composant le sujet dont on s'occupe, au moyen de boulettes de cire à modeler, sur le verre du chevalet ; (elles se maintiennent très-bien, quand on a soin de choisir de bonne cire), et le travail de peinture commence....

1re teinte à l'eau gommée. Lorsque le trait est bien sec, ce qui est une affaire de température ; en hiver, il faut plus de quatre heures ; en été, deux heures suffisent largement, on prend la palette n° 2, et, après avoir bien broyé le brun avec la molette, comme nous l'avons prescrit, on procède à l'application de la première teinte. — Vous prenez votre gros pinceau, semblable aux pinceaux des doreurs ; vous le trempez d'abord dans un verre d'eau ordinaire, puis, l'ayant bien imbibé de la couleur répandue sur votre palette, vous le passez rapidement sur toute la pièce que vous avez choisie pour commencer, ou sur les pièces, si elles sont petites ; il en résulte une teinte générale inégale que vous tamponnez d'abord à l'aide de vos grosses brosses et que vous unissez ensuite en la caressant avec le blaireau par un mouvement rapide, contenu et délicat, mouvement que vous alternez tantôt en long, tantôt en large. — Bien étendre la teinte est une difficulté, comme faire le trait bien pur ; il est plus vrai de dire que c'est une affaire d'habitude, et quand vous vous serez exercés quelque temps sur des pièces d'ornement, en faisant le trait sur ces pièces et en y passant la teinte, vous arriverez très-facilement à vaincre ce qu'il y a d'épineux dans ces premiers détails de manipulation. — Voir faire deux ou trois fois serait une excellente chose, mais avec de la volonté et de l'intelligence, vous suppléerez même à cette absence de secours extérieurs.

La première teinte à l'eau une fois posée et bien unie, vous essayez, sur un coin de la pièce de verre, si elle est assez sèche pour s'enlever facilement en poussière. — Il faut qu'elle ne le soit ni trop, ni trop peu. (Tous ces degrés sont affaire d'habitude rapidement acquise). Quand donc cette teinte peut se travailler franchement, vous procédez comme pour un dessin au fusain, par enlevés dans les clairs, en cherchant votre effet, d'abord autant que possible, sans forcer les ombres ni les traits. — Il faut faire le travail du modelé avec grand soin, par hachures croisées sur les ombres et les demi-teintes, ce qui est très-facile avec vos brosses douces, tandis que vos *enlevés* se font francs et nets avec les brosses dures ; les débutants peuvent enlever leurs clairs aussi en calquant le carton, mais c'est une méthode qui ne conduit pas aussi sûrement dans la voie du progrès.

Voilà donc un premier effet obtenu, mais il manque de vigueur, et si vous faisiez cuire votre travail en cet état, vous n'auriez, en le plaçant devant la lumière, qu'un pâle et très-insuffisant résultat. — Il faut plus de vigueur dans le travail.

2ᵉ teinte à l'essence. Vous prenez donc votre palette n° 3, et avec le même brun, broyé cette fois à l'essence, avec très-peu d'essence grasse si vous voulez, pour rendre la couleur plus onctueuse, faites la même opération en passant d'abord la teinte générale avec votre pinceau de martre(1), puis en enlevant les clairs, et, cette fois, en donnant au trait et aux ombres la vigueur qui doit nécessairement leur manquer. — Mais tout cela sans dureté, sans tâtonnements, et pendant toutes ces phases de votre travail, en ne cessant de consulter votre carton, placé exprès devant vos yeux pour vous servir de guide sévère.

Il y a, du reste, bien des manières de modeler pour cette première teinte dont je viens de vous entretenir, et c'est le caractère de votre carton qui devra vous indiquer la préférable à adopter. — On peut modeler, ainsi que je viens de le dire, par hachures; — On peut modeler encore par pointillé, — ou par teinte superposée (comme au XIIIe siècle.) Cette méthode est la plus artistique peut-être; elle convient surtout aux objets vus de loin et aux ornements On en a une idée un peu vulgaire et un peu grossière, il est vrai, mais assez exacte, en examinant de bons papiers peints. — Vous pourrez essayer de tous ces genres de travail, de tous ces moyens d'opérer et donner la préférence à celui qui vous satisfera

---

(1) Il faut des pinceaux qui ne servent qu'aux couleurs à l'essence, comme il en faut qui ne servent qu'aux couleurs à l'eau.

davantage. — On passe aussi quelquefois une teinte à l'endroit et une autre à l'envers de la pièce, en faisant cuire deux fois. Ce moyen donne beaucoup de douceur et de profondeur au travail. Dans tous ces procédés, l'important, c'est d'obtenir un bon résultat et de satisfaire le goût et le setiment des vrais amateurs. — Je le répèterai encore une fois; ou vous êtes dépourvu de dispositions artistiques, et alors n'entreprenez pas ces essais; ou vous êtes doué du sentiment de l'art, et alors marchez avec confiance : quelle que soit la voie que vous suivrez; quels que soient les moyens que vous employiez, vous arriverez au but. —

La méthode que je vous enseigne, les notions que je vous donne ne sont qu'un point de départ. A vous de vous diriger, et une fois maître des procédés, de chercher et de trouver une méthode qui sera véritablement la vôtre. Vous voudrez peut-être faire votre travail en deux étapes, cuire deux fois, trois fois au lieu d'une seule, ce sera là votre affaire ; aujourd'hui mon but est de vous outiller, de vous mettre en mesure de travailler et de désirer savoir, de vous donner une marche avec laquelle vous pouvez obtenir un résultat certain; une fois cette marche expérimentée, vous serez les premiers à vouloir, changer, sinplifier, modifier. Je ne vous en garderai pas rancune, au contraire, vous voudrez savoir, mon but sera atteint; et c'est là où je vous attends, car alors vous étudierez, vous observerez, vous analyserez les verrières partout où vous en pourrez voir, et vous ferez déjà la différence du beau et du laid, de la paccotile et de l'art.

Je reprends donc nos opérations où nous les avons laissées, c'est-à-dire après le travail de la teinte à l'essence. — Alors votre sujet se présente à vous, si les verres ont été bien choisis comme couleur, de façon à nous donner déjà une idée de l'effet qu'il doit produire, moins la transparence des ombres. Il est bien certain que les émaux et le jaune d'argent que vous devrez ajouter à beaucoup de places pourront lui donner un aspect plus riche et plus éclatant; mais si déjà votre ensemble est satisfaisant, après le modelé terminé, il est à peu près certain que vous avez réussi.

Il vous reste donc à placer vos émaux. — Vous reprenez vos pièces une à une, et, afin d'enlever au verre sa crudité et sa froideur, vous passez partout à l'envers des pièces une couche générale d'émail blanc appelé dépoli, bien broyé à l'eau gommée: puis vous commencez l'application des diverses couleurs. Application des émaux.

Blanc dépoli.

Jaune d'argent. On commence par le jaune d'argent (qui n'est pas un émail, mais qui a les mêmes effets) pour les dorures, les auréoles, etc., etc. Vous l'emploirez à l'eau ordinaire sur le verre nu, du côté du dépoli, après avoir enlevé avec le doigt ou un tampon, la couche de blanc partout où elle doit s'appliquer; vous l'étendez aussi épais que possible pour les jaunes dorés, moins épais pour les jaunes pâles (1).

Carnation. Pour donner à vos chairs le ton naturel, vous passez l'émail préparé sur la palette n° 4, à l'essence et par dessus le dépoli, vous étendez cette couleur en ayant soin de la tenir parfaitement égale d'abord, sauf à la *renforcer* par une seconde application plus épaisse, sur les lèvres, les narines, les joues enfin là où vous jugerez que cela est nécessaire.

Autres émaux. Quant à l'application des autres émaux que vous voudrez employer, palettes numéros 5, 6, 7, leur emploi est le même. C'est à vous de juger de leur utilité, pour l'effet de votre œuvre, (pierreries, draperies, etc.)

Les émaux s'emploient d'abord à l'essence,

---

(1) Tous les verres ne prennent pas également bien le jaune. — On reconnaît ceux qui ont sûrement cette propriété à ce que leur tranche est d'un beau vert émeraude.

comme je l'ai dit, mais vous avez pour chacun double palette, et s'ils vous paraissent manquer de vigueur, vous pouvez revenir sur votre premier travail à l'eau gommée. — Je ne saurais trop vous le répéter, n'en abusez pas ; ils sont d'abord, presque tous, infiniment moins solides qus les verres teints dans la masse, ensuite ils entraînent dans la peinture minaudée, chamarée, molle, sans vrai charme et sans caractère.

Le secret de faire de belles choses a toujours été d'employer le moins de petits moyens possibles.

Nous sommes arrivés à l'opération grave de la cuisson. Vous avez eu soin avant de vous en servir pour la première fois de chauffer votre *four*, pour le bien sécher, jusqu'au rouge *cerise* ; — puis toutes les fois que vous cuisez, vous le faites chauffer un peu d'avance et, après en avoir saupoudré les plaques de fer avec du plâtre fin, vous placez sur ces plaques, soigneusement, chaque pièce, en évitant qu'elles se touchent ; puis, si vous voulez les doubler, vous les recouvrez de plâtre, sinon vous les laissez découvertes; celles seulement qui ont du jaune d'argent doivent toujours être saupoudrées de plâtre ; les émaux doivent être mis en dessus et non recouverts.

<small>Cuisson.</small>

Vous glissez chaque plaque ainsi préparée dans les rainures du four, vous fermez la porte en la maçonnant avec de la terre réfractaire (terre qui se trouve partout.), vous bouchez la lunette, puis vous chauffez toujours également, jusqu'à ce que vous ayez obtenu la chaleur voulue ; de temps à autre vous regardez par la lunette dont vous enlevez le bouchon pour surveiller le degré de cuisson, enfin, lorsque vous verrez apparaître à l'intérieur cette même teinte *cerise* que vous avez constatée, à l'extérieur, lors de l'épreuve du four, vous ôtez le feu, vous fermez la porte du foyer et vous laissez refroidir un temps assez long pour que vous puissiez tenir la main sur les parois ; alors vous ouvrez, — la cuisson est complète.

Sortie des plaques du four. Ce ne sera pas sans une certaine émotion, cher lecteur, que vous vérifierez l'effet du feu sur votre travail. Vos pièces ont pu se casser, trop cuire, ne pas cuire assez, quelle inquiétude ! Enfin, les voilà sorties, quoi qu'il arrive ne vous découragez pas. Si les pièces sont cassées (cela est rare, quand on a soin de ne les mettre au four que bien sèches, mais enfin cela peut arriver); si les pièces, dis-je, sont cassées, eh ! bien c'est un sacrifice à faire, faites-le bravement; si elles sont trop cuites, il faut les reprendre, les travailler de nouveau, et quelquefois l'effet qu'on obtient à la *recuisson* n'en est que meilleur. — Je ne suis pas de ceux qui cherchent une peinture toujours unie, propre, léchée, un peu de rugosité dans le travail, d'inégalité dans le ton donne du mouvement et du pittoresque à l'œuvre. Quand enfin elles ne sont pas assez cuites, il faut se résigner aussi à une autre cuisson. — Avec de la précaution, un peu d'expérience, on arrive vite à se rendre maître de son four et à ne jamais, ou presque jamais, avoir d'accidents.

Quand la vérification des pièces est terminée et que la cuisson est bonne, on procède alors de suite à la mise en plomb.

Vous reprenez votre feuille de calque qu'il faudra sacrifier ou à peu près, pour cet emploi ; vous l'étendez sur votre table n° 2, vous placez les pièces sur cette feuille dans leur ordre, vous commencez par fixer un premier ruban de plomb en le maintenant avec de petits clous sans tête, calés avec les petites rognures des plombs trop longs, vous prenez une pièce dont vous circonscrivez le côté opposé à la base par une autre baguette de plomb, après lui en avoir fait suivre tous les contours en la poussant avec

Mise en plomb.

soin à l'aide d'un manche de couteau fait exprès, vous en retranchez ce qui dépasse avec le couteau à plomb, et vous y ajustez immédiatement une seconde pièce qui doit être retenue comme la première avec des pointes, jusqu'à ce qu'on y ait adapté une nouvelle baguette de plomb; on rabat les ailes de la première avec le même manche et on continue ainsi jusqu'à ce que le panneau soit complet.

Soudage. — Il faut ensuite procéder au soudage. Cette opération consiste à unir entre eux solidement les plombs coupés à leur point d'intersection. La soudure s'applique au moyen du fer à souder; quand ce fer est chauffé au rouge dans le petit fourneau destiné à cette opération, on le passe sur le petit appareil en fer blanc enduit de soudure, avec un peu de colophane, (enduit qu'on renouvelle chaque fois qu'il en est besoin, de façon à tenir la plaque elle-même toujours étamée,) puis on approche ce fer ainsi chargé de soudure des points des plombs à souder, qui ont été préalablement saupoudrés d'une petite quantité de résine, en tenant de l'autre main la baguette de soudure, de façon à étaler l'étain sur tous les points à souder d'une manière propre et égale. — Souvent on étame tout le réseau de plomb, c'est une opération un peu plus longue et délicate, mais qui rend le panneau plus solide et la mise en plomb plus propre.

Quand cette première opération de soudage est faite par devant, vous retournez votre panneau et vous contre-soudez à tous les points opposés aux premières soudures. Enfin vous enlevez vos clous, vous détachez le panneau de la table et voilà votre vitrail achevé.

Contre-soudage.

Pour la mise en plomb et le soudage, quelques avis d'un bon vitrier ou ferblantier vous aplaniront en peu de temps toute espèce de difficultés.

En maniant votre panneau, prenez toujours beaucoup de précautions, placez vos doigts sur les soudures déjà faites parallèlement, et en écartant plutôt qu'en serrant.

Maintenant, placez votre vitrail dans l'ouverture qui lui est destinée, isolez-le de tout jour venant de l'intérieur, par un cadre épais, une embrasure profonde ou des draperies foncées et puis passez des jours et même des soirées (1) entières en contemplation devant votre œuvre, je ne vous le défends pas.

Mise en place.

---

(1) Pour les vitraux d'appartement, on peut tirer un parti très-riche et très-décoratif de leur éclairage par derrière, au moyen d'un réflecteur.

Avant de terminer cependant cet aperçu sommaire des diverses opérations de l'exécution d'un vitrail, il est nécessaire que je parle de la *gravure du verre*.

J'ai différé jusqu'ici à dessein, parce que c'est un point sur lequel je désire appeler spécialement votre attention comme maniement matériel. Bien qu'elle n'offre nul danger sérieux en elle-même, puisque j'ai connu beaucoup d'ouvriers qui la pratiquent depuis trente-cinq ou quarante ans, et qui sont arrivés à un âge avancé, sans avoir ressenti aucun mal, elle demande néanmoins de grandes précautions dans son emploi.

<small>Gravure sur verre.</small>

La gravure sur verre se pratique pour éviter les coupes ou pour détacher sur les verres bleus et rouges des dessins et des ornements délicats. (Il y a bien des verres à graver roses-violets-verts, mais ils sont fort chers, et, en somme, on peut très-bien s'en passer.)

Supposons que notre personnage (fig. n° 2), ait 40 centimètres de haut et qu'on veuille l'habiller avec un justaucorps rouge. Si vous voulez découper le buste en faisant une pièce pour la tête, deux pour les mains, une pour le corselet, vos pièces seront très-petites, (les mains et la tête n'auront pas plus de 4 à 7 centimètres), cela peut se faire, mais enfin il n'y a pas d'inconvénient pour les vitraux vus de près à éviter ce grand nombre de plombs, peut-être même y a-t-il avantage. Alors vous coupez le haut de votre personnage tout entier sur une pièce rouge, vous chauffez cette pièce, vous l'enduisez de vernis à graver (flacon n° 2), en ne laissant à découvert que la place de la tête et des mains, en en suivant scrupuleusement, avec un pinceau, le trait extérieur de ces parties réservées, avec de l'eau fraîche; vous humectez bien également le verre laissé à nu, puis vous prenez dans votre flacon n° 1, avec un pinceau à ce destiné, l'acide fluorhydrique, vous l'appliquez sans craindre d'en mettre trop, et vous surveillez l'effet produit. Aussitôt que vous voyez apparaître le verre blanc, ce qui ne tarde pas, vous lavez à grande eau, vous enlevez le vernis avec un couteau à palette et un linge imbibé de thérébentine, et l'opération est finie.

Pendant tout le temps qu'elle a durée, vous avez eu la précaution de tenir la fenêtre ouverte et de mettre votre mouchoir devant votre respiration. Beaucoup de peintres négligent cette précaution, ils ont tort. Ayez bien soin de mettre votre flacon d'acide fluorhydrique, bien bouché, hors de la portée des indiscrets. Ne laissez pas de verreries trop près, elles se dépoliraient à la longue.

On peint sur le verre gravé comme sur le verre ordinaire.

Voici, chers lecteurs, un chapitre un peu long et un peu sérieux. Qui veut la fin, veut les moyens. Lisez-le donc attentivement plusieurs fois et vous verrez que j'ai abrégé autant que possible, trop peut-être, mais vous trouverez au chapitre suivant, le moyen de remédier à mon laconisme.

CHAPITRE V.

CONCLUSION. — Chercher à voir faire si la chose est possible.— Lire les auteurs spéciaux.— Bibliographie. Qu'il faut se hâter d'empêcher la destruction imminente de beaucoup de chefs-d'œuvre. — Adieux — Espérances.

Je n'ai pu tout dire en effet, mais ce que j'ai dit peut, j'en ai l'assurance, suffire aux amateurs, pourvu qu'ils veuillent bien joindre la pratique à la lecture. Cherchez à voir faire, peut-être est-ce chose impossible pour beaucoup de vous, mes chers lecteurs, mais du moins, quant à la partie purement matérielle du travail : coupe des verres, mise en plomb, soudage, posage, aidez-vous des avis des bons ouvriers qui se rencontrent, Dieu merci, dans beaucoup de pays encore, et puis, pour parfaire votre science, allez puiser aux sources vives que je vous indique ci-après et vers lesquelles j'aurai du moins l'honneur de vous avoir conduit.

Je cite ici des ouvrages dont la plupart existent dans toutes les bibliothèques publiques et dont certains peuvent être achetés à peu de frais en les demandant ou en les faisant venir des librairies spéciales. Je néglige ceux qui font double emploi et qui n'ont pas, quoique fort intéressants d'ailleurs, un objet particulier.

Le moine Théophile, XIIe siècle. — *Traduction de l'Escalopier*, Paris 1843.

Bernard Palissy. — *Discours admirable*, 1580.

Haudicquer de Blancourt. — *Art. de la verrerie*, 1718.

L'abbé Lebœuf. — *Histoire du diocèse de Paris.*

Antiquités de Paris, par Sauval, 1724.

Dom Felibien. — *Histoire de la ville de Paris*, 1725.

Descamps. — *Vie des meilleurs peintres*, 1763.

Le R. P. pacifique Rousselet. — *Histoire de l'église royale de Brou*, 1767.

Levieil. — *Traité historique et pratique de la peinture sur verre*, 1776.

Ferdinand de Lasteyrie. — *Histoire de la peinture sur verre, d'après les monuments de France.*

Emeric David. — *Discours sur la peinture.*

Chenavart. — *Le goût dans les arts*, 1831.

De Caumont. — *Bulletin monumental-Abécédaire*, etc., etc.

PP. Cahier et Martin. — *Vitraux de Bourges.*

Dideron (aîné). — *Dictionnaire d'archéologie.*

Hyacinthe-Langlois. — *Essai sur la peinture sur verre.* (Rouen, 1832.)

Thévenot. — *Essai historique sur le vitrail,* 1837.

Chevreul. — *Loi du contraste simultané des couleurs,* 1839.

Brongniart. — *Étude sur les émaux.*

Hucher. — *Vitraux du Mans.*

Violet le Duc. — *Dictionnaire d'architecture.* vol. IX.

L'abbé Bourassé. — *Vitraux de Tours. Essai sur la peinture sur verre dans son archéologie chrétienne,* 1841.

Péligot. — *Douze Leçons sur l'art de la verrerie.*

Thibaud. — *Considérations historiques sur les vitraux,* 1842.

Batissier. — *Traité de la peinture sur verre,* 1850.

De Guilhermy. — *Monographie de l'église royale de Saint-Denis, et tous ses ouvrages archéologiques.*

Abbé Caneto. — *Cathédrale d'Auch,* 1862.

Alexandre Lenoir. — (Édition de 1856.)

Georges Bontemps, ancien directeur de la fabrique de Choisy-le-Roy. *Guide du Verrier,* 1868.

Rebouleau. — *Encyclopédie Roret,* 1868.

Winckelmann, de Steindall (Brandebourg). —

Histoire de l'art. Traité historique de la peinture sur verre.

Lévy et Capronnier. — *Histoire de la peinture sur verre*, Bruxelles, 1868.

Je ne puis mieux terminer, après une énumération si imposante, qu'en citant le passage suivant de M. Viollet-le-Duc, qui s'accorde si bien avec les tendances de mon modeste petit livre :
« Dans un climat comme le nôtre, où la lumière
« du soleil est souvent voilée, où les intérieurs
« des édifices ne sont éclairés que par un jour
« blafard, il était naturel que l'on cherchât à co-
« lorer cette lumière.... Quelques hommes dé-
« voués ont fait des efforts et des sacrifices con-
« sidérables de nos jours..., mais, obligés de
« lutter contre une concurrence de produits à
« bon marché qui déprécient ce bel art aux yeux
« des gens de goût..., qu'ils ne se découragent
« pas, cependant...., le jour de la réaction arrivé,
« ils seront prêts. »

Nous acceptons ces vœux du maître et nous y voyons une preuve de plus de l'utilité de notre tentative.

C'est surtout pour les restaurations que le temps presse. Si l'on n'y prend garde nous verrons dans ce siècle, témoin de tant de progrès et déjà de tant de ruines, disparaître les plus beaux chefs-d'œuvre. Que de villes, sans compter Paris, voient dans un état de délabrement et de *racommodage honteux* les plus admirables verrières — à *Troyes*, à *Nevers*, à *Bordeaux*, à *Toulouse*, à *Clermont*, à *Châlons* et, chose étrange, dans tous les départements de *l'Ile de France*. C'est ce qu'exprime si bien le R. P. Desrosiers dans son remarquable travail sur la cathédrale de Moulins (1).

« Les vitraux étaient les peintures favorites
« de nos aïeux, et ces tableaux fragiles furent
« les seuls témoins de la renaissance de notre
« peinture française.

« Que de débris cependant de ces chefs-
« d'œuvre se sont amoncelés déjà, débris de
« vandalisme et ruines de l'ignorance ! Mainte-
« nant que les lumières et les connaissances se
« sont accrues, il semble que nous apprécierons
« ces vieilles œuvres à leur valeur, et que nous
« redoublerons nos efforts pour les conserver.

« Mais n'est-ce pas une amère dérision ? Ces
« vitraux.... tout cela doit disparaître !

La peinture sur verre est méconnue. — Il est

---

(1) *La Cothédrale de Moulins, ancienne eellégiale.* Moulins, 1869.

utile, nécessaire, dans l'intérêt de l'art, de la réhabiliter contre ceux qui l'ont ramenée si vite à la décadence et vis-à-vis de ceux qui voudraient lui rendre la gloire et l'honneur. — Puisse mon appel être entendu et puissent de nombreux amateurs se mettre à l'œuvre et réaliser mes espérances.

POST-SCRIPTUM

Simple réflexion sur la fenêtre moderne au point de vue ornemental.

> Ils posèrent sur la nature
> Le doigt glacé qui la mesure,
> Et la nature se glaça !
> LAMARTINE.

J'arrivais un jour dans un pays qui m'avait été dépeint comme singulièrement pittoresque et, suivant ma coutume, j'en parcourais de suite les alentours avec une avidité que comprendront tous les vrais touristes. Au détour d'un charmant petit chemin, je trouvais un propriétaire que j'avais connu jadis. — Les premiers compliments échangés, — A propos, me dit-il, vous qui êtes artiste, venez, je veux vous faire voir le plus beau point de vue du canton, c'est splendide ! une vue, comme il est bien rare d'en trouver dans nos pays, vous serez content. — En effet, tout ravi, me frottant les mains, pressant le pas, je suivis mon homme jusqu'au bout du village. — Arrivé là, je vis devant moi la route de Paris, plantée de peupliers droits et pointus, droite et pointue elle-même comme une lardoire, et présentant jusqu'à l'horizon cet angle indéfiniment aigu qui sert d'exemple à tous les jeunes élèves débutant dans la science de la perspective : pas un tertre, pas une éminence, pas un buisson dépassant la ligne implacable. — Eh bien ! me dit le brave homme en se retournant d'un air triomphant et satisfait, eh bien ! qu'en dites-vous ? est-ce droit, — est-ce long, — est-ce beau !

Les rangées de fenêtres de l'architecture moderne me produisent le même effet, — est-ce droit, — est-ce carré, — est-ce laid !

Je n'ai pas la prétention de réformer à moi seul l'architecture bourgeoise du XIXe siècle, mais, en vérité, nos édiles modernes ne pourraient-ils pas être un peu moins raides et anguleux.

Lorsque je me promène dans une ville neuve (et elles le seront bientôt toutes, hélas !), je contemple d'un œil terne et fatigué ces immenses façades qui ont dépensé beaucoup de talent, sans doute, dont les détails étalent parfois des chefs-d'œuvre de sculpture ou d'ornementation, mais qui toutes, sans exception, uniformément percées de trous carrés, de grandeur exactement égale, à angles pareils, à carreaux plats et luisants, détruisent en moi toute idée artistique ou même agréable.

Combien sont différents ces pittoresques pignons d'autrefois, aux étages se dépassant les uns les autres, aux galeries multipliées, aux coquettes tourelles, aux fenêtres enfin dont les courbes gracieuses et les vitrages aux mille dessins, se mariaient si bien avec les sculptures des bois et des pierres.

Aura-t-on l'idée aujourd'hui de peindre un portrait dans le cadre d'une fenêtre ! et que d'anciens peintres, cependant, ont trouvé de charmants entourages dans les belles lignes des vieilles croisées du Moyen-Age et de la Renaissance.

Il est bon, je le crois, que les jeunes architectes se liguent enfin pour nous délivrer des grands alignements et du style *quartier de cavalerie*; il est bon qu'ils cherchent à harmoniser davantage leurs constructions avec la nature. — Le carré n'existe pas dans la création, c'est l'impuissance de l'homme qui le prend pour base et pour conclusion de ses œuvres.

On objectera la solidité, — est-ce une raison, je le demande, à une époque comme la nôtre —

et ne peut-on pas, pour arriver à bien calfeutrer et à bien consolider les belles et artistiques fenêtres, employer un peu de cette imagination qu'étouffent chez tant de constructeurs les formules immuables, officiellement imposées.

Il ne m'est pas loisible de dire ici tout ce qu'il serait à propos de dire sur ce sujet, mais, j'en suis certain, quelqu'un le dira un jour.

Souhaitons, mes chers lecteurs (et je me suis attardé pour joindre ces vœux à ceux que je vous ai déjà demandé de partager), souhaitons, dis-je, que les façades de nos maisons et de nos châteaux redeviennent dignes de l'art, et, par conséquent, dignes d'encadrer, non-seulement comme autrefois de charmants vitraux dont vous pourrez être les auteurs, mais, comme autrefois aussi, quand elles s'ouvrent à la brise du printemps, les gracieuses et jolies têtes de nos enfants et de nos femmes.

EXPLICATION DES PLANCHES.

Planche 1. — *Fig.* 1. Gamme des verres. *Fig.* 2. Modèles de la moufle.

Planche 2. — Exemple de vitrail (genre suisse), d'après Goltzius. (Voir pour le modelé la gravure du *Magasin pittoresque*, année 1863, p. 157.)

Planches 3 et 4. — Mises en plomb différentes pour ce même sujet.

Planche 5. — *Fig.* 1. Bordure pouvant encadrer le sujet représenté aux planches qui précèdent. *Fig.* 2 et 3. Exemples de bordures très-simples à étudier comme coupe, mise en plomb et coloris. *Fig.* 4. Exemple des difficultés et du désagrément des coupes pour les ornements trop fleuris. On en perd la légèreté ; il faudrait graver sur rouge, ce qui serait très-long pour une bordure.

{ S'appliquer à l'aide de ces 3 exemples à bien choisir les motifs de ses ornements. }

Planches 6 et 7. — *Vitraux d'appartements, d'oratoires, etc.* Légendes du patron de la famille et des corporations ; compositions de l'auteur ayant obtenu le 1er prix de 1re classe de l'Union centrale des Beaux-Arts, Paris (1869).

1° *Saint Louis* (patron). Le saint bénit les parents et les enfants dont les photographiés sur verre sont placés dans les médaillons au-dessous du cadre. Sur la banderolle sont écrits ces mots : « Je les garde. » (Voir l'*Annuaire encyclopédique* (années 1869, 1870).

2° *Saint Hubert* (patron des chasseurs). Sur la banderolle de son arc il montre ces mots : « C'est dans les bois que Dieu m'a parlé. » (Voir l'*Illustration*, année 1869).

TABLE DES MATIÈRES

CHAPITRE Ier. — De la peinture sur verre en général. — Ses limites, ses convenances. — Comment elle est encouragée. — Comment elle est pratiquée. — Comment elle est jugée. — Causes de cet état de choses. — Moyens d'y remédier. — But de ce petit livre. — L'amateur. — Est-ce bien un art ? — La connaissance du dessin est-elle indispensable ?.... 3

CHAPITRE II. — Un mot d'histoire. — Origines. — Premiers vitraux. — Les divers siècles. — La splendeur. — La décadence. — La renaissance. — Est-ce une renaissance ?............................... 23

CHAPITRE III. — L'atelier de l'amateur de peinture sur verre. — Son mobilier. — Son outillage. — Moyen de se procurer tout le matériel nécessaire, moins coûteux qu'un piano ordinaire. — Inutilité de faire aujourd'hui ses couleurs soi-même. — De laminer les plombs, etc..................... 38

CHAPITRE IV. — Moyens pratiques de faire des vitraux. — Cartons. — Tracé. — Coupe. — Peinture. — Mise en plomb. — Mise en place. — Conseils généraux. — Qu'il faut peu de petits moyens, pour faire de grandes choses.............................. 45

CHAPITRE V. — Conclusion. — Chercher à voir faire si la chose est possible. — Lire les auteurs spéciaux. — Bibliographie. — Qu'il faut se hâter d'empêcher la destruction imminente de beaucoup de chefs-d'œuvre. — Adieux. — Espérances 67
Post-scriptum 73
Explication des planches 77

Nota. — Je me chargerai, si on le désire, de faire adresser par petite vitesse, à la gare la plus rapprochée de la résidence, à toute personne qui en fera la demande par lettre affranchie, l'outillage complet (suivant nomenclature, page 39) contre un mandat sur la poste ou contre remboursement. Si, dans la même localité, dix demandes arrivaient à la fois, les acquéreurs auraient droit à une remise de 10 % du prix total.

On peut adresser les demandes à M Ch des Granges, place Michel-l'Hospital, 7, à Clermont-Ferrand.

Moulins, imp. de C. Desrosiers.

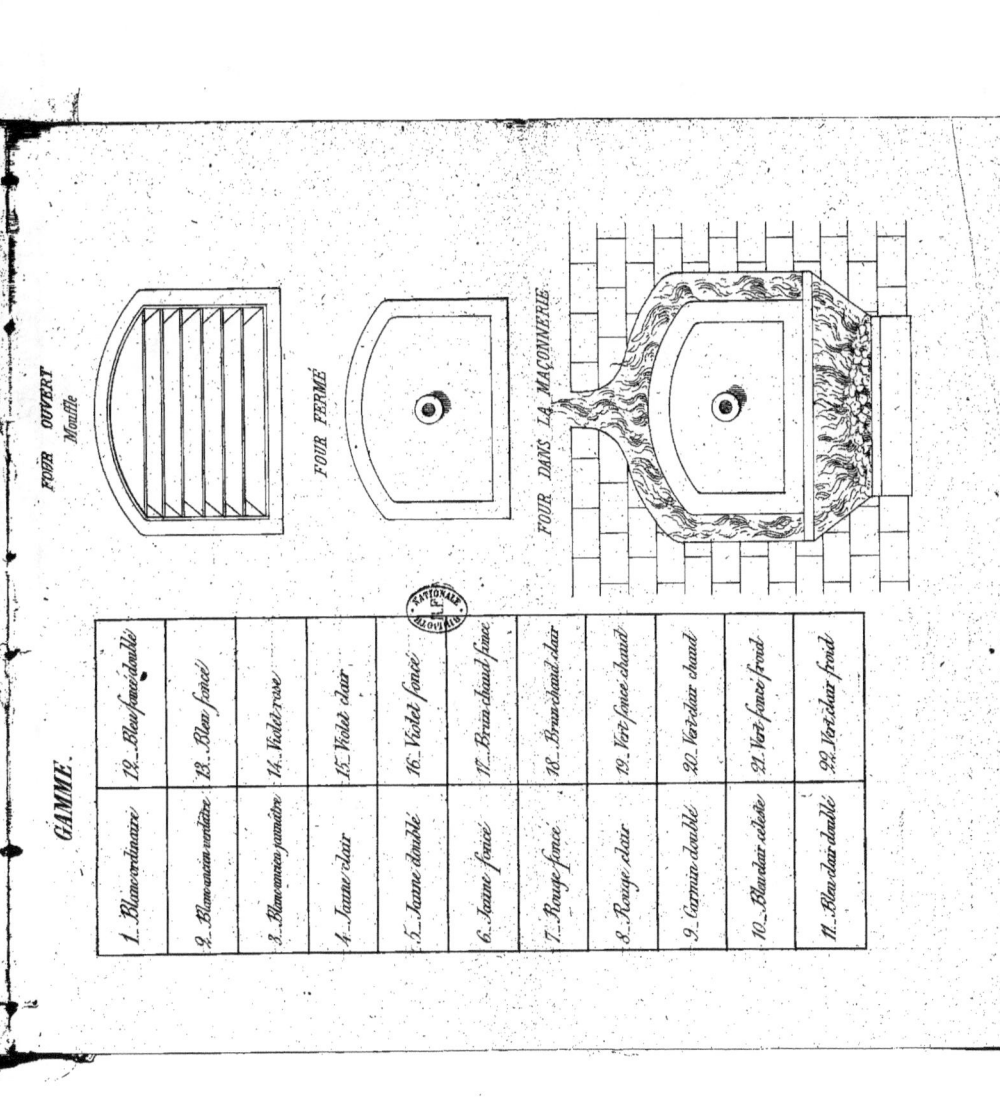

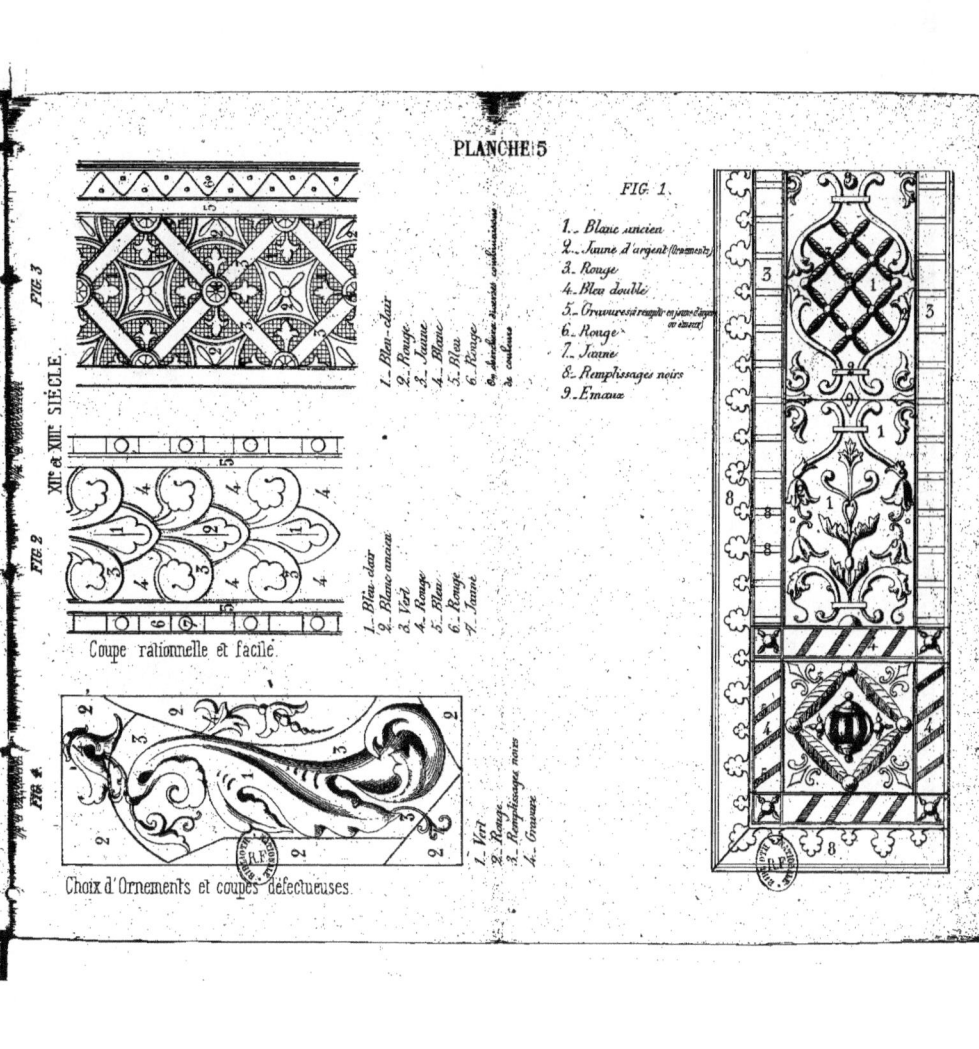

PLANCHE 6.

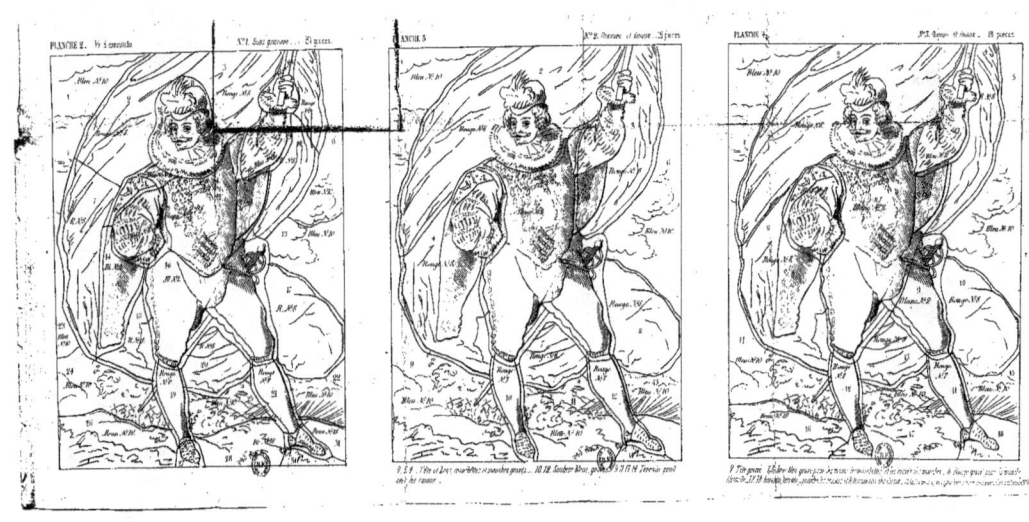

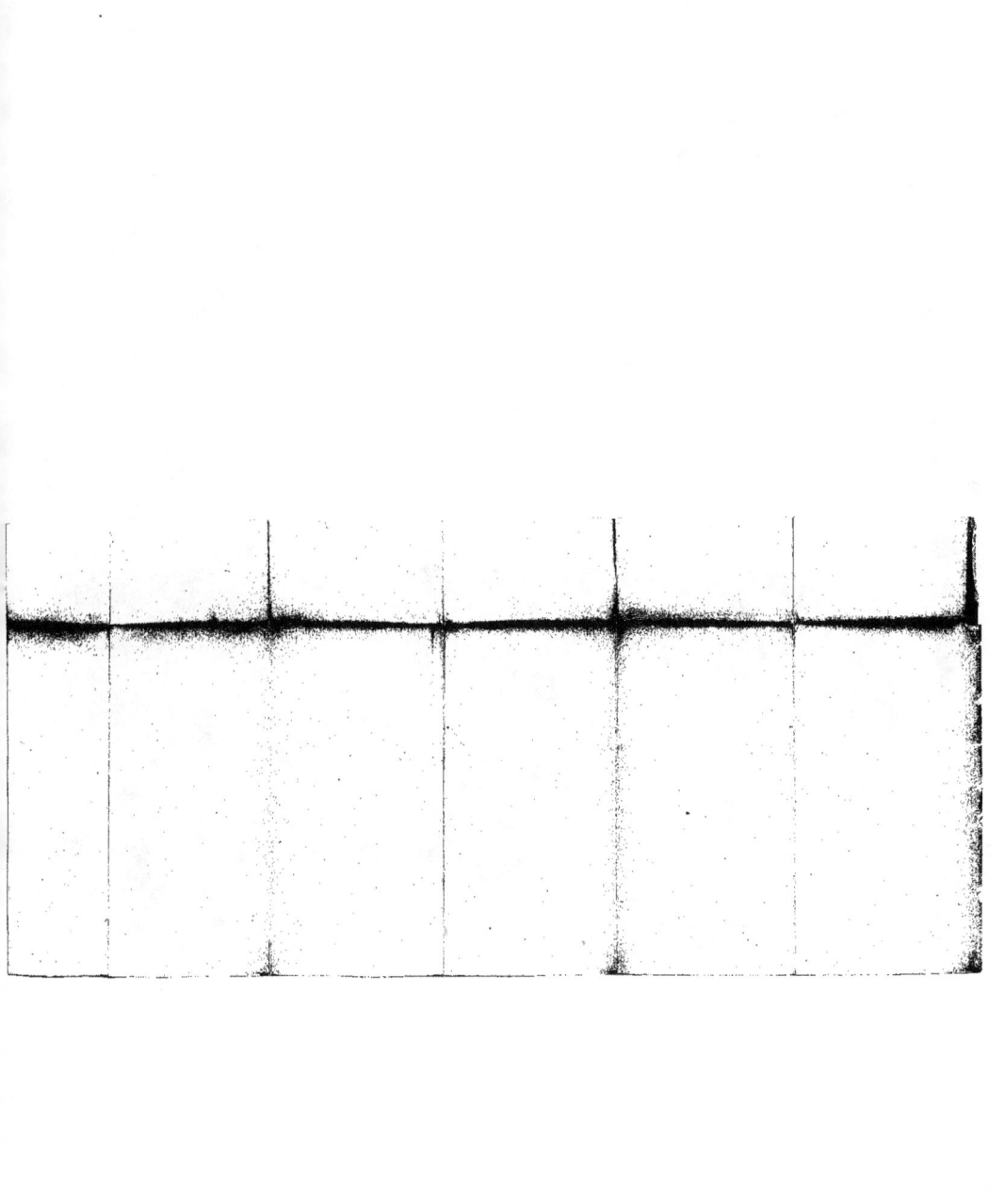

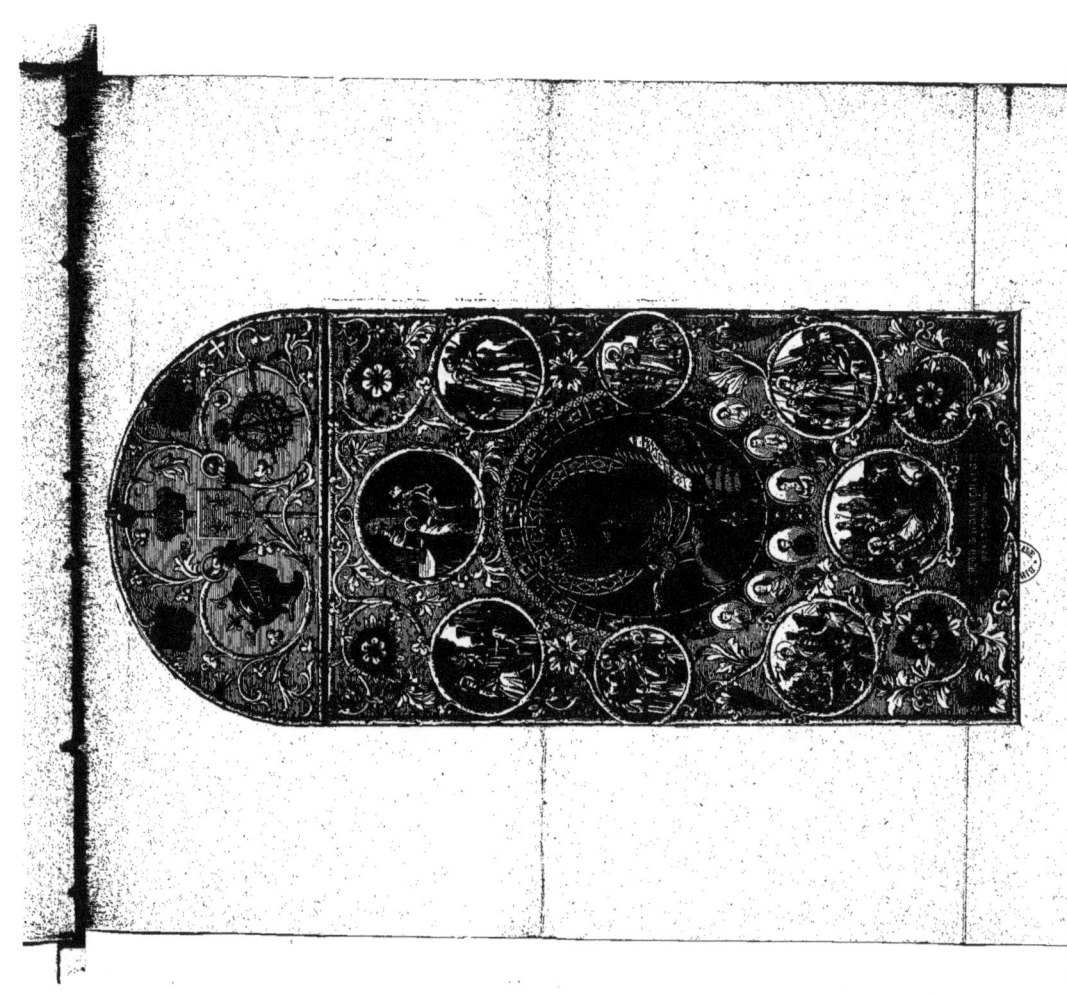

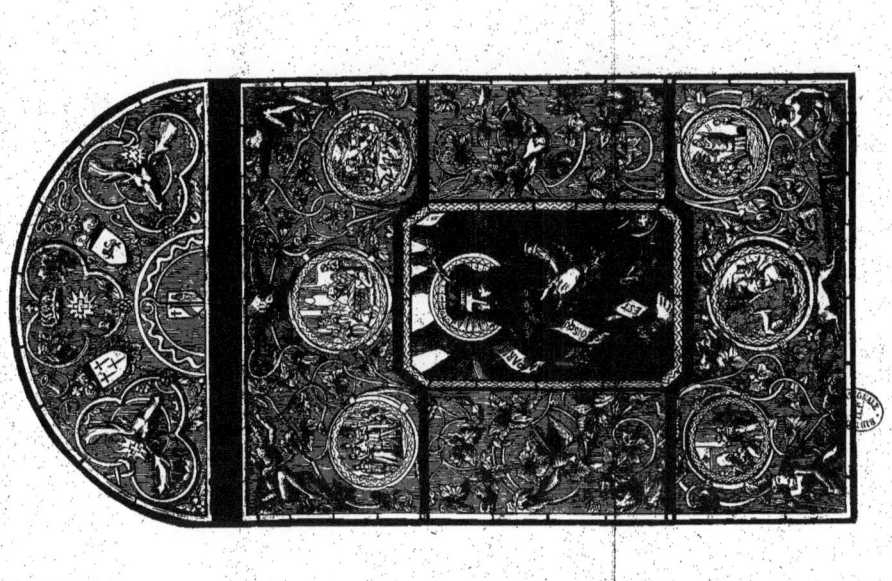

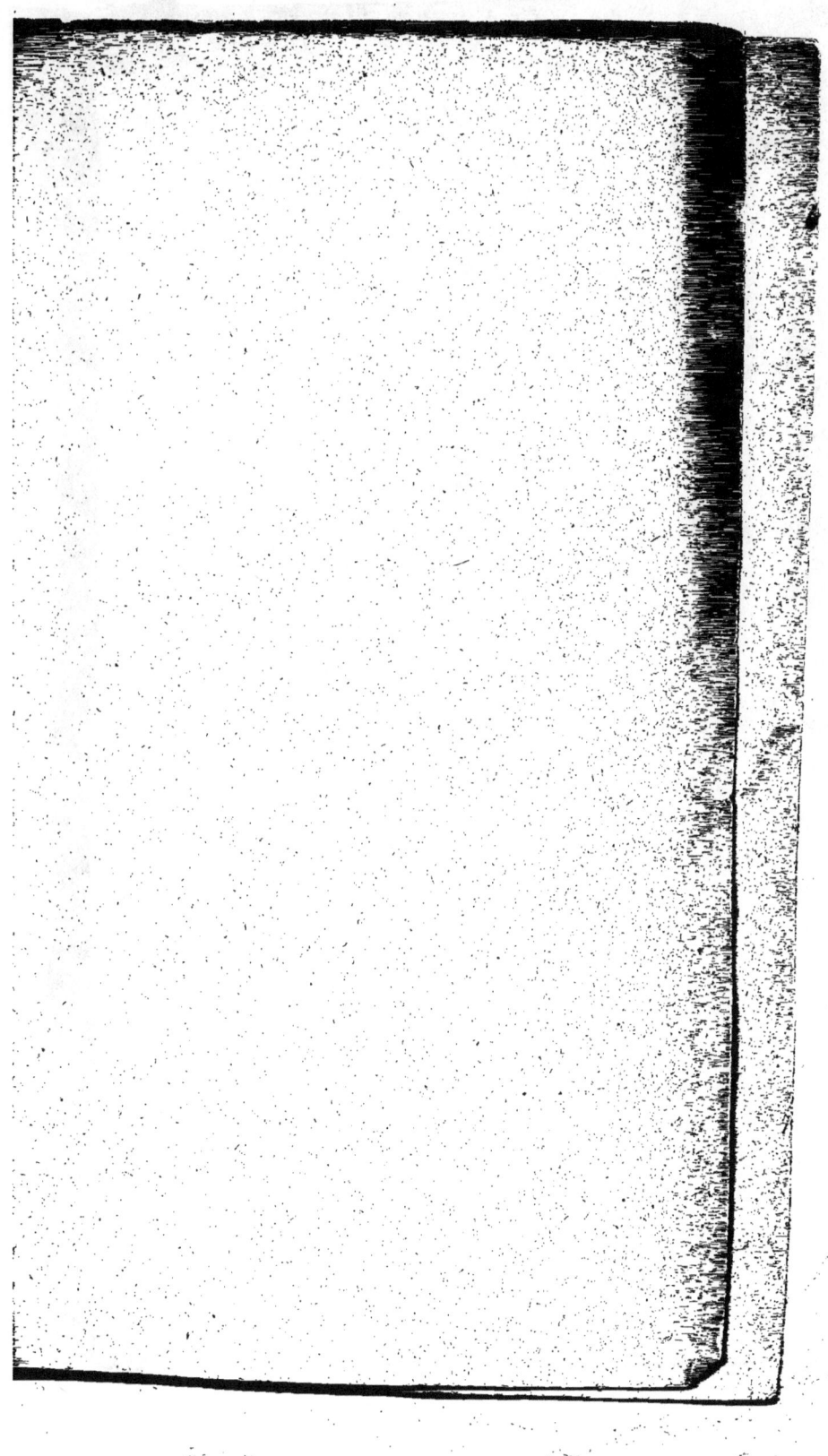

www.ingramcontent.com/pod-product-compliance
Lightning Source LLC
Chambersburg PA
CBHW070300100426
42743CB00011B/2280